武田信玄入門

山梨日日新聞社

目次

武田家人もよう

◆探訪武田史跡

◆信玄と戦国の文化

◆信玄に学ぶリーダー像

カバー・表紙写真　「武田信玄信州川中島出張之図」（歌川国芳画、山梨県立博物館蔵）
「甲斐信玄」（勝川春紅画、山梨県立博物館蔵）
本扉写真　「甲越武勇伝　大膳大夫晴信入道信玄」
（歌川芳勝画、山梨県立博物館蔵）
章扉写真　「孫子の旗（風林火山の旗）」（雲峰寺蔵）
「武田信玄公之像」

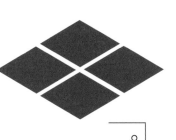

プロローグ

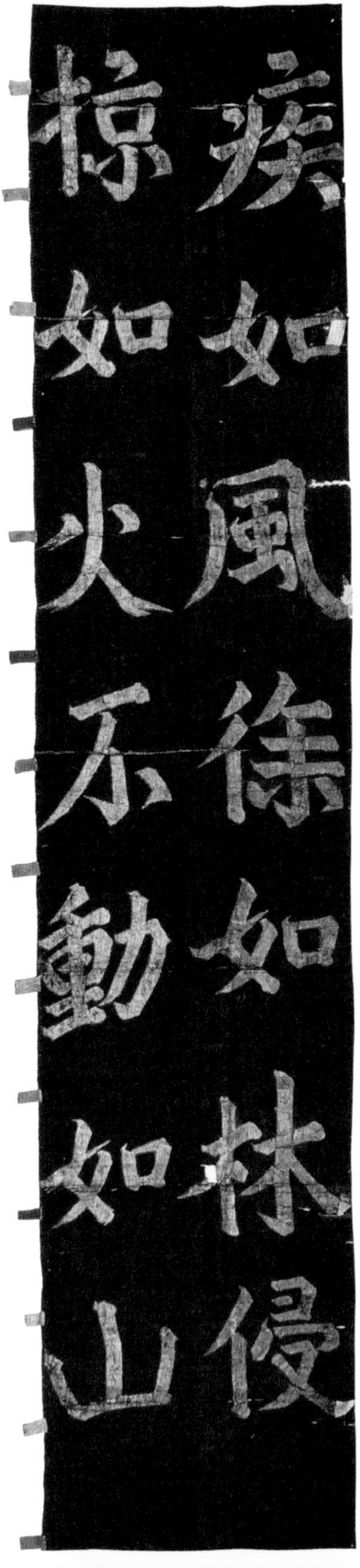

信玄のルーツ

鎌倉時代前夜に広大な版図

今からおよそ八百九十年前、常陸国の武田郷（茨城県ひたちなか市）を追われた源氏の一行が、山峡の地である甲斐国（山梨県）に入国した。清和天皇に出自をもつという源新羅三郎義光の子義清とその孫清光らであった。武士の権力がいまだ不安定な時代の東国での出来事であり、そのいきさつは『長秋記』太治五（＝一一三〇）年の条にのる。配流先《はいるさき》を「市河荘」とした源氏の一族はその後、八ケ岳南麓の逸見《へみ》の地や、盆地周辺に扶植の手を広げ、鎌倉時代前夜の甲斐の地に、広大な版図を築き上げていった。武田信玄の祖である甲斐源氏の誕生である。

先の記録によれば、常陸国那珂郡武田郷に勢力をもった義清・清光父子は、在地勢力の吉田氏らとの対立から、「濫行《らんぎょう》」の故をもって甲斐国に配流されたといわれている。その地は「市河荘」、すなわち甲府盆地の低地の現在の昭和町の付近、ないし市川大門の平塩岡（市川三郷町）あたりとされ、旧支配層の依然として強い盆地東部の地は避けている。

しかし、義清・清光父子らのその後の動きは目覚ましく、旧勢力を駆逐するかのように盆地一帯に急速に勢力の拡大を図っていった。逸見方面には長子光長、韮崎の武田郷には武田信義、盆地西部一帯には加賀美遠光、奈胡《なご》義行、さらに盆地東部には河内《こうち》義長や平井清隆、八代信清、浅利義成らその土地の名を名字とした面々、なおその上に、安田義定・義資父子が塩山方面に強大な力を蓄

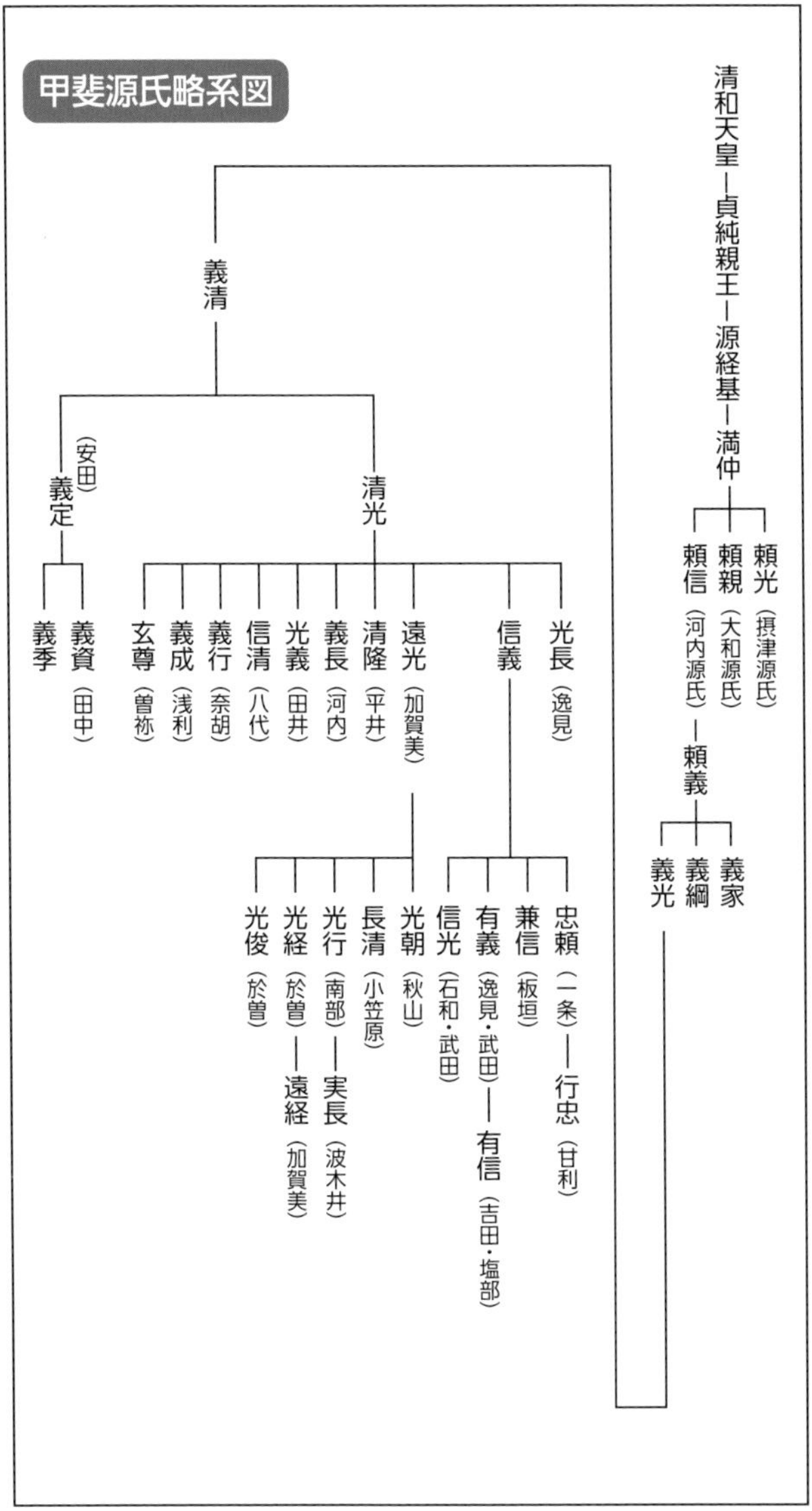

えている。

伊豆に流されていた源頼朝が平家追討の旗を掲げたのは、一一八〇（治承四）年八月のことである。同時に、頼朝を強力に支えていた北条政子の父時政は、甲斐国内に強大な軍事力と統率力を誇っていた甲斐源氏の支援を求めるために、「逸見山」を訪ねている。「逸見山」とは八ケ岳南麓に所在している「谷戸城」ないし、その付近であったとされているが、おそらくその「逸見山」に甲斐源氏の拠点があって、有力なメンバーが集結していたのであろう。

頼朝軍の支援要請に応えるように、甲斐源氏一族はただちに挙兵し、信濃（長野県）方面では菅冠者《すがのかじゃ》を破って北方の支配を強め、続いて駿河（静岡県）方面への出兵を企てた。京から進軍してきた平維盛《これもり》軍を破り世に聞こえている「富士川の合戦」というのは、この時の戦である。その後の甲斐源氏一族の活躍は目覚ましく、平家追討の最右翼として、数々の戦功を重ねていった。

◈　◈　◈

こうした平家討伐の動きに対して、鎌倉にとどまった源頼朝は東国の武士たちの掌握に努めながらその地歩を固め、武士の棟梁としての立場を着々と築きあげていった。ほぼ対等ともいえる軍事力を誇った甲斐源氏であったが、政治力では頼朝側に劣り、次第に排斥の対象となって、強大な勢力は分断されていく。

甲斐源氏の棟梁であった武田信義・一条忠頼の失脚事件を手始めとして、逸見有義の逐電、安田義定・義資親子が殺害されるなど、甲斐源氏は勢力の縮減が図られていった。その一方で、頼朝書状に「甲斐の殿原の中には、いさわ殿・かがみ殿、ことにいとおしく申させ給うべく候」と見える

源義清の本拠があったと伝わる義清神社＝昭和町西条

ように、石和信光や、「かがみ殿」すなわち加賀美遠光の次男の小笠原長清などは頼朝の側近として重用されていく。

その後、武田信義は武田氏の嫡流としてその地位を固め、甲斐の守護として甲斐国一円を支配し、加賀美一族からは小笠原・南部氏などの名族が輩出していった。南部氏はその後奥州に進出して広大な版図を築きあげ、一方の長清の子孫は室町時代になると武家の作法である「小笠原流」を確立していく。武田信玄が登場するまで、なお時を経過するが、こうした甲斐源氏の名跡《みょうせき》のうえに、戦国の雄・甲斐武田氏の栄華が築きあげられていくのである。

（萩原三雄）

甲斐源氏から戦国大名武田氏へ

名跡が戦国の巨星生み出す

甲斐源氏に系譜をもつ戦国の雄・甲斐武田氏、その権力の座の獲得までの道のりは平たんなものではなかった。信玄からさかのぼること六代の守護武田信満は、上杉禅秀の乱に巻き込まれて、甲州市大和町の北奥の木賊山《とくさやま》にて自害し、その子信重も甲斐を逃れて高野山に遁世している。のちに、「流浪の守護」と呼ばれたその信重も、甲斐の守護としてその後甲斐国への入国を果たしたものの、まもなく穴山伊豆守という武将に攻められてやはり自害して果てている。武田氏が、甲斐の守護の座を追われていた不運の時代であった。

「甲州乱国ニ成始ル也」と『勝山記』に書かれている武田信玄の父信虎登場以前の甲斐国は、武田氏の最も苦難の時代であった。守護代であった跡部氏の権勢が続いて、武田氏の地位は大きく揺らぎ、信虎の自立直後には、駿河国（静岡県）の戦国大名の今川氏の甲斐侵攻や、甲斐国内に勢力を張った大井・今井・栗原氏ら豪族との激しい抗争が続いている。叔父油川信恵《のぶよし》らとの武田家内部での抗争も起こり、信虎自身、武田家の惣領《そうりょう》の地位すら危うくしている。

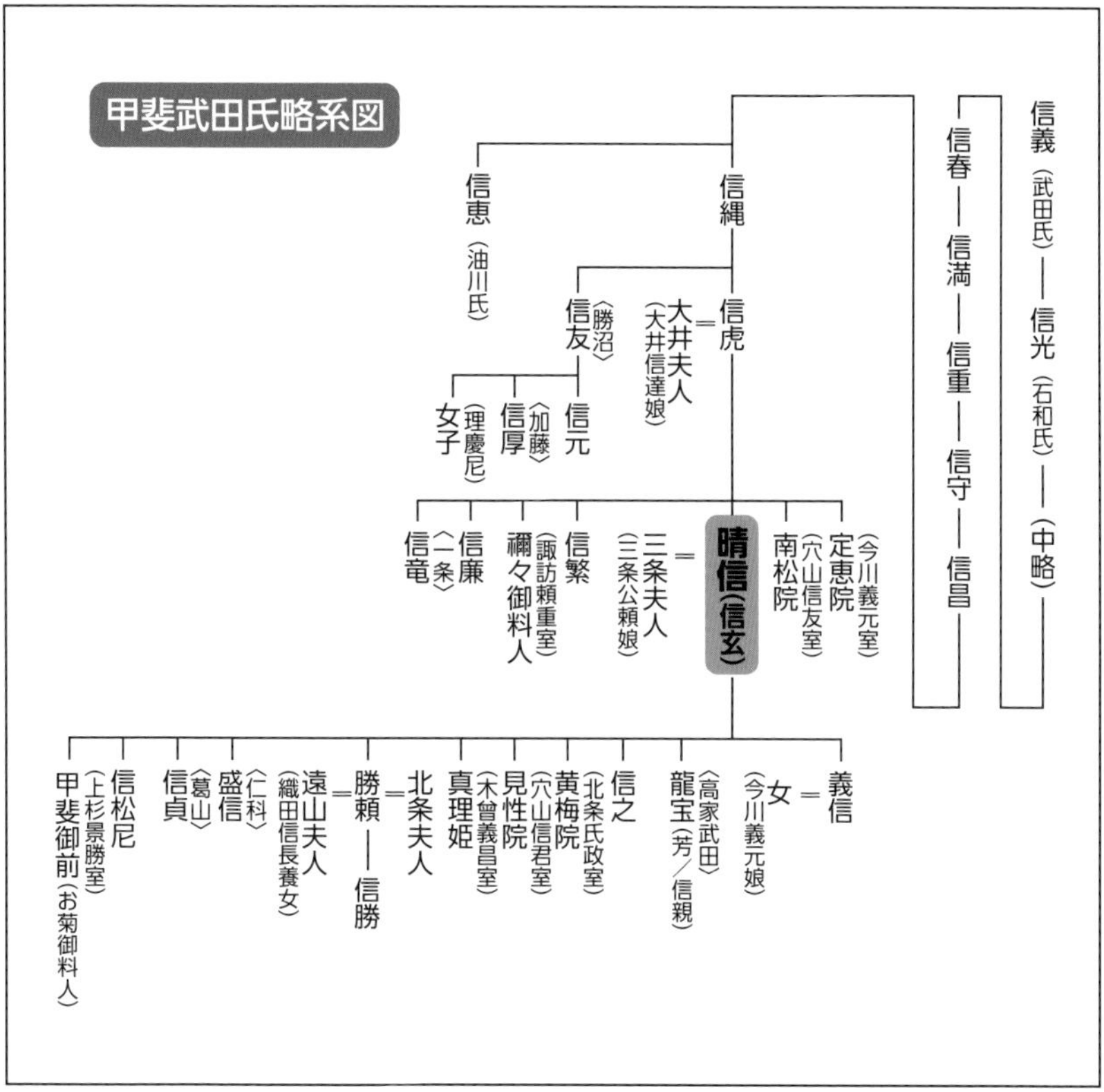

こうした幾多の争乱も、強靭な精神力と圧倒的な軍事力を誇った信虎によって見事に克服され、甲斐国の統一が実現したのは、十六世紀の前半であった。こうした戦のさなかに信玄は誕生している。しかし、過酷な治世の繰り返しであったためか、やがてこの信虎は、嫡子信玄によって駿河国へと追放されることになる。

信玄が甲斐の国主として登場するのは、信玄自身も「戦国の世」と強く意識していたこうした戦国真っただ中の時代であった。しかし、巧みな人心掌握術によって内政も次第に安定していき、強大な武田王国が築

「小桜韋威鎧　兜・大袖付」（菅田天神社蔵）

かれていった。江戸初期に成立した軍学書の『甲陽軍鑑』には、信玄のこうした生きざまと治世のありようが見事に描かれている。

❖　❖　❖

信玄は、甲斐源氏に出自をもつ名族の一員であることを常に意識していたようであった。その象徴の一つは、「日の丸の御旗《みはた》」と、一般に「楯無《たてなし》の鎧《よろい》」と称されている「小桜韋威鎧《こざくらがわおどしのよろい》」という武田家相伝の重宝である。さきの『甲陽軍鑑』には、戦への出陣の際にたびたび、「御旗楯なしも照覧あれ」と誓文を唱えていたことが記されている。

また正室を京都の三条家から迎え、名僧や公家を交えた茶の湯や歌会がたびたび催されているのも、その表れであろう。幼少のころから、中国の古典にも深く学び、治世に生かしていたことは、あまりにもよく知られていることだが、それもまた貴種なるがゆえであろう。

甲斐源氏の数々の名跡《みょうせき》は、やがて信玄という戦国の巨星を生み出していく下地となっていたのである。

（萩原三雄）

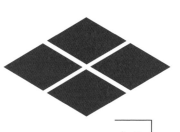

信玄と甲斐の戦国

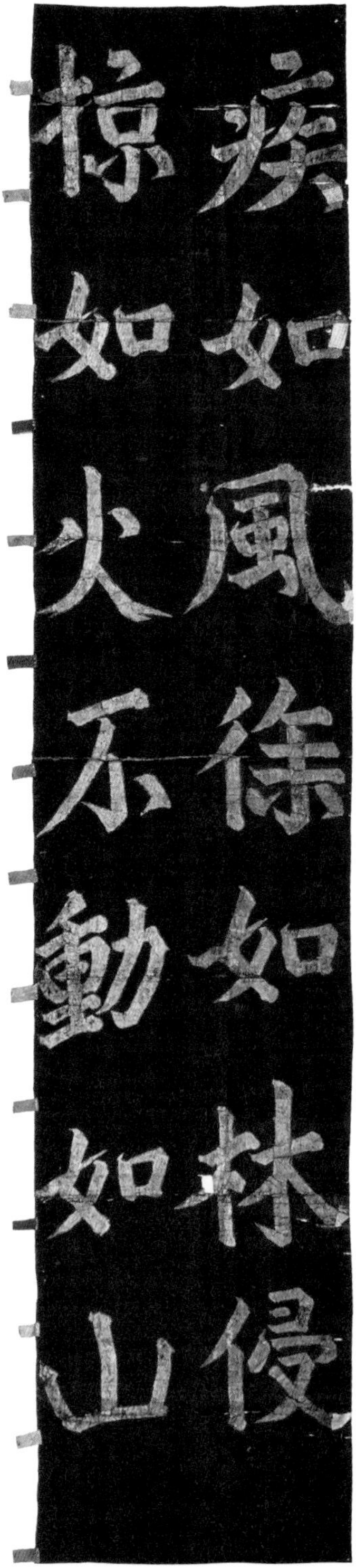

川中島の戦い

◆攻防十二年　謙信と〝一騎打ち伝説〟も

一五六一（永禄四）年九月十日の早朝、北信濃（長野県北部）の川中島において、越後（新潟県）の上杉政虎（後の上杉謙信）と甲斐の武田信玄の両雄が激突した。数時間に及んで主力同士が激しい戦闘を繰り返した戦いは、史上名高い川中島の戦いとして、後々まで広く喧伝されることになった。信玄四十一歳、政虎三十二歳の血気盛んな時であった。

川中島とは、千曲川と犀川が合流して信濃川となる一帯を通称し、その北縁には古来より多くの信者を集める善光寺が存在する。越後や上野、甲斐や南信など、東西南北に繋がる交通の要衝であり、信濃一国の領有化をもくろむ信玄にとっても、自国の安全を確保しようとする政虎にとっても、死守しなければならない重要な所であった。

❖　❖　❖

『甲陽軍鑑』など、その

川中島古戦場。今は近くを上信越自動車道が走る

後に編纂された軍記によれば、川中島一帯をにらむように築城されている武田方の巨城海津城に布陣した武田勢約二万に対し、海津城のすぐ近くに聳える妻女山に大胆不敵にも陣を張った上杉軍約一万八千の軍兵の両軍は、千曲川を背にしながら数日間にらみ合いを続けていた。

この緊迫した情勢を解くかのように武田軍は、兵力の半数を割いて、妻女山の背後から攻撃を仕掛け、挟み撃ちにする戦略を採った。この戦法を進言したのは世に名高い山本勘助、後に「啄木鳥《きつつき》の戦法」と呼ばれる戦法である。しかし、上杉軍はその裏をかくかのように、早暁を期して全軍妻女山を下り、千曲川を渡河して、八幡原に陣を張った。濃い霧に包まれた中での行軍であった。

濃霧が引いたのは、夜明けごろ、眼前に大きく展開した上杉の大軍の前に武田軍は驚愕したという。怒濤のように繰り返される上杉軍の猛攻の前に、手薄になっていた武田軍は必死の防戦に努めたが、やがて武田勢は、信玄の信任が厚い実弟武田信繁が討ち死に、山本勘助は壮烈な最期を遂げ、両角豊後や初鹿野《はじかの》源五郎など名のある武将も次々と戦死した。有名な信玄と謙信の一騎打ちの伝説もこの時に生まれた。しかし、その後、妻女山から下りた武田の別働隊は上杉軍の背後を突き、浮き足立った上杉軍は耐え切れず敗走した。

◈　◈　◈

武田信玄と上杉謙信が一五五三（天文二十二）年から六四（永禄七）年まで対峙し、足掛け十二年にわたった川中島の戦いは五度に及んだといわれ、特に六一年の戦いは壮烈を極め、両軍合わせて六、七千人の戦死者が出たという。

六四年以後、両雄はこの地で再び刃を交えることはなかったが、華々しい戦史を飾る謙信は信越国境まで後退し、外交や謀略戦に優れた手腕を発揮した信玄がやがて川中島を掌中に収めていくことになる。

（萩原三雄）

信玄と山本勘助

武田軍救った知略と奮戦

武田の軍師山本勘助、数々の軍学の中でこう評された勘助が、武田家に仕官したのは一五四三（天文十二）年、信玄が父信虎を駿河（静岡県）へ追放し、自立してまだ間もないころであった。時に、信玄二十三歳、山本勘助は推定五十一歳、歴史の舞台に登場したばかりの青年武将と、すでに老境の域に入っていた両者の運命的な出会いであった。推挙したのは、武田家譜代の重臣で、信玄が最も信頼する板垣信方である。

◈　　◈　　◈

江戸前期に成立した軍学書『甲陽軍鑑』によれば、勘助の風貌は、極めて異様である。隻眼《せきがん》で、跛足《はそく》、色黒く醜男。しかし、眼光は鋭く、非凡な才能を見抜いた信玄は、対面するなり、いきなり二百貫の禄高で召し抱えたという。

武田家に仕えた勘助はその後、度重なる功績を挙げ、居並ぶ譜代の重臣と同じ重責を担っていく。

一五五〇年秋の北信濃（長野県北部）の豪族、村上義清との戸石合戦、別に戸石崩れといわれる武

千曲川沿いに立つ山本勘助の墓＝長野市松代町柴

田軍の壊滅寸前の状況を救ったのは、勘助の知略と奮戦であった。その時の勘助の働きぶりは、さながら軍神摩利支天の再来のようであったと、世に語り継がれていった。

信玄と教来石民部（後の馬場美濃守）に城取り（築城法）の極意を披瀝する『甲陽軍鑑』品第二十五の場面も殊更に印象的で、後の甲州流軍学への道を開いていく。信玄によって滅ぼされた諏訪の領主、諏訪頼重の娘を娶るよう進言したのも、勘助であった。この諏訪御料人と信玄、それに勘助の三者の織り成す人間模様を見事に描いた歴史小説が、井上靖作『風林火山』である。

◈　◈　◈

軍師、知将と謳われ、謎の多い山本勘助は長い間『甲陽軍鑑』が創作した架空の人物だといわれてきた。しかし、一九六九（昭和四十四）年に発見された「市河家文書」の中に、「山本菅助」なる軍使が登場し、実在の人物であることが確認された。緊迫した第三次川中島の戦いの前後、越後（新潟県）に接する北信濃の豪族、市河氏への信玄の使者という重要な役目を担っていたのである。

近年ではまた「山本菅助」あての武田晴信書状など複数の文書が発見され（真下家文書など）、山本勘助と子孫たちの動向が詳しく知られるようになった。

信玄の膝下に仕えて一七、八年、山本勘助は数々の謎とエピソードを残し、一五六一（永禄四）年の第四次川中島の戦いで壮烈な戦死を遂げた。享年およそ六十九歳であった。（萩原三雄）

討ち取られた勘助の首と胴を合わせた場所とされる胴合橋＝長野市篠ノ井西寺尾

武田二十四将

傑出の家臣団 顔ぶれには諸説

武田信玄、勝頼を支えた家臣団のうち、その傑出した知謀と武勇で知られた人々は、武田二十四将と呼ばれ、親しまれている。

ところが、誰を二十四将に数えるかについての確たる基準はない。しかも彼らが、一堂に顔を合わせた事実も存在しない。例えば、板垣信方、甘利虎泰、横田高松などは、信玄の父、信虎以来の重臣であるが、彼らと真田信綱、昌輝、昌幸兄弟が、轡《くつわ》を並べて戦場に臨んだことはない。板垣、甘利らが活躍した時期に、真田兄弟はまだ幼少で、元服すらしていなかった。つまり、武田二十四将とは、信玄の青年期、壮年期、晩年といったそれぞれの時期に活躍した武将の中から選抜された人々で成り立っているのである。

❖ ❖ ❖

武田二十四将がいつ、誰の手によって成立したのかは明らかではないが、江戸時代の元禄期には存在していた。それは、好事家や絵師が武田信玄、勝頼を描き、その周囲に家臣を配置した構図で、

武田二十四将図（山梨県立博物館蔵）

恵林寺境内の武田家臣供養塔＝甲州市塩山小屋敷

江戸時代を通じて流行した。

武田二十四将図には、信玄、勝頼を除いて二十四人の武将を描いた物と、信玄、勝頼を含めて二十四人の武将を描いた物があるが、家臣の構成はまちまちである。山県、原、内藤、高坂、馬場などは、現存する二十四将図すべてに描かれているが、そのほかの武将には異同が多い。そのため、延べにすると二十四将に数えられた武将は五十人以上にも上る。

◈　◈　◈

なぜ、二十四将図の武将にこうも異同が多いのか。それは『甲陽軍鑑』の影響が大きいであろう。同書は、江戸時代にベストセラーとなり、信玄の家臣団は世間に知られるようになった。その後、好事家や絵師が武田二十四将図を作り、自らが好きな武将を書き入れたのである。つまり、武田二十四将とは、江戸時代の人々による一種のファン投票の結果が反映されているといってもよい。そのため、武田二十四将に誰を含めるかには異同が多いことになった。定説なきメンバー構成は、武田家臣団への幅広い人気を今に伝えるものとなっている。（平山　優）

父信虎追放と信玄自立

無血クーデターで交代劇

甲斐国主信虎の嫡子、勝千代（後の信玄）は一五三六（天文五）年、元服して晴信を名乗り、左京大夫に任じられた。晴信の「晴」は、時の将軍、足利義晴の一字を拝領したものであり、左京大夫は、それまで父、信虎が与えられていた官職である。信虎は、元服を機に自分の官職を譲り、陸奥守に転ずることを望んだのであろう。その後、陸奥守を称している。また、後には、左大臣にまでなった公卿三条公頼《きんより》の娘、三条夫人を正妻に迎えたのもこの年とされるなど、着実に信虎の後継者としての道を歩んできた。

ところが、四一年六月十四日、信濃国（長野県）佐久郡の諸城を攻略して凱旋したばかりの信虎が、今川義元に嫁した娘のいる駿府（静岡市）へわずかなお供を連れて出発すると、一変する。甲府に住む家臣も知ったのは二日後だったという隠密行動であったが、信玄の対応は素早かった。直ちに兵を派遣して国境を封鎖して帰路を断ち、十七日には国主の座に納まるのである。この無血クー

武田信廉筆「絹本著色武田信虎像」（大泉寺蔵）

デターを「地下・侍・出家・男女共喜び、満足致す事限りなし」（『勝山記』）と、甲斐国内ではこぞって歓迎している。翌四二年から、父の意向で得た左京大夫を捨て、大膳大夫に転じたのは、父との決別を示しているといえよう。

熊野那智大社文書によると信玄は、駿河攻略後の七一（元亀二）年には、同国安東荘内馬端名を「信虎様御知行」地として認めているから、受け入れ先の義元とした生活費負担の約束は、信虎が死ぬまで守られたと思われる。こうした生活費の心配がないためか、新たに結婚して菊亭《きくてい》晴季《はるとし》に嫁した娘をもうけ、高野山に参詣したり、京で公卿たちと酒宴や学芸に興じたりするなどして生活を楽しんでいる。

◈　◈　◈

画像の鋭い眼光は前途を断たれた失意の政治家という感じはしない。意外とさばさばした性格で、退隠後は昔を忘れ、自分の望みどおりの生活を押し通した、意思の強さを表しているといえるかもしれない。

（秋山　敬）

大泉寺境内の御霊塔の後ろにある武田信虎の墓
＝甲府市古府中町

快川国師

外交に奔走、内政でも貢献

美濃国（岐阜県）の土岐《とき》氏出自の快川紹喜《かいせんしょうき》と甲斐との関係が始まるのは、一五五三（天文二十二）年に恵林寺住持になってからで、五五（弘治元）年の信玄の母、大井夫人四回忌の法事に加わっている。この時の在任期間は前後約二年と短かったが、二人の親交はそのころから始まったのであろう。

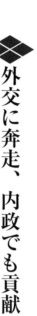

六二（永禄五）年、美濃の崇福寺に戻っていた快川は、信玄あて書状の中で、「百戦百勝、以来甲軍の威風、天下に遍《あまね》く」と、前年の川中島合戦での大勝を祝した上、戦死した信玄の弟、猛将典廐信繁の戦死を「惜しみても、尚《なお》惜しむべし」と悼み、旧恩があるにもかかわらず、弔意を伝えるのが遅れたことを謝っている。

❖　❖　❖

六四年の恵林寺への再住は、信玄の熱烈な勧誘によるもので、応諾後は、美濃国主斎藤竜興の家老、長井隼人に伝馬の手はずなど入念に行うよう依頼して旅の安全を期し、十一月に入国が実現すると、

恵林寺の三門。織田軍の焼き討ちを受け快川国師が火定した場所に建つ＝甲州市塩山小屋敷

信玄は直ちに恵林寺を自らの菩提寺としている。

しかし、快川は、信玄の信頼に応えて寺門の興隆に努めただけではない。戦国大名の領域を超えた幅広い人脈を利用して外交にもかかわったことは、六一年、父の死に伴い十四歳で家督を継いだ先掲の斎藤竜興を、上洛を望む信玄と連携させようと奔走していることからも知られる。また、不和となった嫡子、義信との間を取り持って和解させる努力をするなど、内政の面でも重要な役割を果たした。

◈　◈　◈

七三（元亀四）年四月十二日に死去した信玄の葬儀は三年後、恵林寺で盛大に行われるが、その際、快川が大導師を務めたのは当然である。快川が、大通智勝国師の称

快川国師らを埋葬したとされる塚＝恵林寺

を与えられたのは八一（天正九）年だが、このころ敗勢にあった主家、武田家の窮状を救おうと、弟子の南化《なんか》玄興《げんこう》などに信長との講和を画策させたものの成功せず、翌年三月、武田家は滅亡した。その後、寺を焼き討ちされた快川が、三門楼上で泰然と焼死し、主家と行をともにしたことはよく知られている。

（秋山　敬）

東光寺と義信事件

信玄殺害を企て幽閉

信濃国（長野県）をほぼ平定して領国化した信玄は以後、今川義元死去後凋落していた今川領国への進出を企てていく。一五六五（永禄八）年ごろのことである。

駿河（静岡県）に対するこの南進政策に猛反発したのは、信玄の嫡男、義信である。そもそも駿河今川家と武田家とは、信玄の父、信虎時代から深い婚姻関係にある間柄だった。信玄の姉は義元に嫁し、義信の正室は現当主、氏真の妹であり、血のつながりも薄くはない。

この今川領国への侵攻政策をめぐって、信玄と義信父子の対立が急激に深刻化する中で、六五年九月、信玄は義信と宿老の飯富虎昌以下、義信衆八十騎をことごとく捕縛し追放するなど、厳しい処断を下した。信玄殺害計画が露見したのである。義信一派によるクーデター未遂事件であった。

信玄のこの事件の関係者に対する処置は早かった。傅役《もりやく》の飯富虎昌や長坂源五郎ら義信側近は自害し、義信本人は板垣郷（甲府市善光寺・東光寺・酒折一帯）にある武田家ゆかりの名刹《めいさつ》東光寺に

室町時代の建築とされている重要文化財の東光寺仏殿

幽閉された。武田家内部の動揺を抑えるために信玄は、弟や甥などの近親者を含め、多くの家臣たちから信玄に忠誠を誓う誓詞をとった。義信事件の後、今川家と武田家との不和も決定的となり、駿河側による有名な「塩留」に発展していった。

◈　◈　◈

東光寺は、甲斐源氏の祖、新羅三郎義光の開基伝説を持つ古刹《こさつ》である。鎌倉時代には、鎌倉建長寺の開山で、時の執権、北条時頼の信任が厚い蘭渓道隆が二度も来住し、同寺を拠点に臨済禅の教線を拡げている。武田家との縁も深く、信玄の叔父の藍田も住持となっている。

同寺に幽閉された義信はその後、約二年を経た一五六七年十月十九日に、自ら命を絶った。享年三十歳という若さであった。

東光寺の墓地にある武田義信の墓＝いずれも甲府市東光寺３丁目

これより以前、小説『風林火山』で知られる諏訪御料人の父、諏訪頼重もこの寺で静かに眠っている。

（萩原三雄）

国境のかたち

警固や経済考え段階的に構築

駿河湾岸から富士西ろくを北上し、甲府盆地に抜ける中道往還は、駿河（静岡県）と甲斐を最短コースで結ぶ大動脈であり、往還の甲斐側の入り口として本栖《もとす》の集落は発展してきた。

集落の入り口には関所跡があり、北西側には九一色衆《くいしきしゅう》の一員であった渡辺氏の屋敷跡、集落の北にそびえる烏帽子岳《えぼしだけ》から東側に延びる尾根上（城山）に位置する本栖城、その山ろくの青木ケ原樹海内には旧中道往還とそれに付設された石塁群など、この一帯は国境であった往時をしのばせる旧跡に富む。

❖　❖　❖

本栖城に登ると、駿河側の富士西ろく一帯が一望でき、国境警固の目的でこの地が選ばれ、築城されたことがうな

甲駿国境の警備のために築かれた本栖城跡（中央の稜線）

ずける。城には、近隣の武士団であった九一色衆などが動員された。

駿河側の国境の村は根原（富士宮市）であり、そこに関所が置かれた。根原から甲斐に向けて五百メートルほど進むと、国境の割石峠があり、さらに三キロメートル北上した所に、本栖の関所と村落が位置する。

◈　◈　◈

根原と本栖の間の約三・五キロメートルは緩衝地帯であり、緩衝地帯内の割石峠は言うならば意識上の境、本栖の関所は関銭を徴収する経済的な境、

旧中道往還沿いに残る信玄築石と呼ばれる石塁＝富士河口湖町本栖

あるいは、平時の出入りを監視する警察的な境、その後方の本栖城や往還に付設された石塁は有事における軍事的な境であった。このように性格が異なる段階的な境を持つことが、戦国時代の国境の一つの特徴である。

一五八二（天正十）年に入甲し、武田氏を滅亡させた織田信長は、帰路に中道往還を選んだ。往還は徳川家康の家臣らによって整備され、宿泊地となった本栖では、二重三重の柵の中に輝くばかりの御座所が建てられ、その周りには同行した諸士用の木屋がおびただしい数造られたという。

（畑　大介）

小山田氏

郡内の宿敵から家臣に

郡内領主、小山田氏は、国内統一を進める武田信虎にとって最大のライバルであった。一五〇七（永正四）年の父、信縄《のぶつな》の死に伴い、信虎と叔父、信恵《のぶよし》とが国主の座を争うことになるが、この時、小山田氏は信恵に味方した。小山田氏が国中へ攻め込むと、信虎も郡内へ侵攻して河口宿を焼いて反撃するなど、激しい戦いが繰り返される。

◈

一〇年に成立した和睦の条件は、その後の経緯から、郡内支配をそのまま認める代わりに、武田氏へ臣従を約束することだったと考えられ、信虎の妹（または姉）が越中守信有に嫁したのもこの時のこととされる。

◈

こうして武田氏の家臣となり、親族となった小山田氏は、一五年に始まる大井合戦に軍勢を派遣するなど、武田軍の一翼を担い始めるとともに、二一年には、信虎を中津森館（都留市）に迎え、三二（天文元）年には、館を中津森から谷村に移した上、翌年、武田氏の城下、甲府にも屋敷を構

勝山城跡（中央手前）上空から北側を望む＝都留市川棚

えるなど、武田氏との関係を深めていく。『勝山記』によれば、第四次川中島合戦では、決着のつかない激戦の中、小山田勢が上杉軍を側面から強襲して、武田軍を勝利に導いたとして、近隣にまでその勇猛さがとどろいたという。

戦国期の小山田氏歴代は、越中守信有（祖父）、出羽守信有（父）、弥三郎信有（兄）、左兵衛尉信茂（弟）と継承されるが、都留市下谷にある長生寺は、信玄の従兄弟でもある出羽守信有を開基として、一一（永正八）年に創建されたと伝える。所在場所は、大幡川沿いにある居館中津森館から一キロメートルほどしか離れていない。小山田氏の菩提寺として格好の位置にあるといえる。

◈　　◈　　◈

歴代が厚く保護したことが分かる信茂の寺領寄進状を蔵し、その信茂が当寺に納めたという祖父、越中守信有画像は、数少ない戦国武将の画像として小山田氏の栄華を今に伝えている。（秋山　敬）

甲州金

武田三代の隆盛支える

甲斐国は山国である。全国に名高い甲斐の金山はこの山中にある。戦国の世、これらの金山が産出した金は、戦国最強とうたわれた武田軍団を育て上げた。

甲斐の金山の開発は、今からおよそ五百年前の戦国時代初期に始まった。おそらく、信玄の祖父である信縄《のぶつな》のころには、既に操業がされていたであろう。以後、信虎、信玄及び江戸前期に至る約二百年の間、盛衰を繰り返しながらも、山中で盛んに採掘の槌《つち》を響かせていた。

甲斐の金山には、鉱山事業を専らにする職人集団である金山衆《かなやましゅう》と称される金掘たちが稼業していた。古文書中には、「黒川衆」「中山之金山衆拾人」などの名前で登場する者たちである。彼らは、鉱山から鉱山へと渡り歩く山の民でもあった。

甲斐の金山は、日本の中ではい

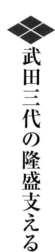

武田氏の隆盛を支えた黒川金山があった黒川谷

ち早く開発され、技術も進んでいた。甲州市塩山の黒川金山や、丹波山村の丹波山金山、身延町の湯之奥金山などは、いずれも標高が高く、険しく、うっそうとした原始林さながらの山中に存在し、今では人を容易に寄せ付けない雰囲気をみせているが、かつては大勢の鉱山関係者や商人など、さまざまな人々でにぎわう鉱山町であった。ここから産出した金鉱石は、鉱山臼などで粉成され、微粉化された後、精錬され、光輝く金粒となる。この工程は、金山の現地で行われていた。金粒は、その形から碁石金とも、粒金とも、吹金《ふきがね》とも呼ばれている。

黒川金山の坑道＝いずれも甲州市塩山

金山衆から、税として徴された甲州金は、武田氏にとって、対外的な金貨や軍用金として重要な財源となった。『甲陽軍鑑』の中にも、戦で手柄を立てた武士に信玄が大量の碁石金を褒美として与えている場面が、殊更印象的に描かれている。

❖　❖　❖

金山衆は時には、武田氏の軍事要請に応じて、戦にも参加している。一五七一（元亀二）年には、北条氏の重要拠点であった御殿場の深沢城攻略に参戦し、得意の土木技術で城の外張《とばり》（外郭線）を崩して落城させている。この時にも信玄から褒美をもらっている。

金色にまばゆいばかりに輝く甲州金は、信虎、信玄、勝頼の武田三代にわたって人々を魅了し、戦国甲斐の栄光の礎を築き上げていったのである。

（萩原三雄）

武田家人もよう

大井夫人

嫡男晴信を生涯見守る

一五二一（大永元）年十一月三日、武田信虎の妻大井夫人は、要害山頂（山ろくの積翠寺だったともいわれる）で一子を出産した。晴信（後の信玄）である。当時、甲斐は駿河勢に侵攻され、甲府近くまで攻め込まれていたため、夫人は、いざというときに立てこもる詰めの城が築かれていた要害山に避難していたのだ。苦戦を強いられた信虎は、十月十六日の飯田河原、十一月二十三日の上条河原の両合戦に勝利し、何とか危機を脱することができた。こうして合戦のさなかに出生した晴信は、戦国大名への第一歩を歩み出す。

◈　　◈　　◈

夫人の実名は分かっていない。大井夫人と呼ばれるのは、父が大井信達《のぶさと》だったからである。大井氏は南北朝時代に武田氏から分かれた氏族だが、信達の時代には釜無川以西の西郡《にしごおり》に大きな勢力を張り、しばしば信虎とも戦ってきた。その最たるものが、一五一五（永正十二）年に始まる合戦で、信達の館を強襲した信虎軍は、乗馬が深田に足を取られたすきをつかれて大敗している。戦いは二年後の十七年に終えんを迎えるが、その時の和睦条件により、信虎に嫁したとするのが通説である。二十一歳での結婚は、当時としてはかなりの晩婚であった。そして、四年後に誕生したのが嫡男晴信である。

その晴信が、一五四一（天文十）年に父信虎を駿河（静岡県）に追放した際には、夫人は館に残って我が子とともに生活する道を選び、「御北様」と呼ばれるようになる。

武田信廉筆「絹本著色武田信虎夫人像」（長禅寺蔵）

積翠寺の産湯天神＝甲府市上積翠町

甲斐国主となった晴信は、まず信濃（長野県）攻略を目指す。翌年、諏訪を制圧したのを皮切りに、順調に手を伸ばしていく。ところが、一五四八年二月十四日、上田原で村上義清と戦い、最初の手痛い大敗を喫した。よほど悔しかったのか、晴信は本陣を動かず、戻ろうとしない。困った家臣は御北様と相談し、帰国を彼女の意志として伝えることで翻意を促している。晴信に対し、母親として少なからぬ影響力を保持していたことを物語る話といえよう。

一五五二年五月七日、夫人が五十五歳でこの世を去ると、信玄は母の菩提寺として甲府に長禅寺を創建した。同寺に残る夫人の画像は、息子信廉が母の一周忌に描いた姿だが、母を思う気持ちを込めた信廉の筆遣いによって、小柄な温顔の中にも母親としての威厳を感じとることができるような気がする。

（秋山　敬）

三条夫人

家族の不遇に耐えた正室

三条夫人は武田晴信（後の信玄）の正妻である。晴信は一五三六（天文五）年の正月十七日、従五位下の官位と左京大夫の官職を与えられ、三月に元服してこの晴信を名乗った。晴の字は将軍足利義晴の一字を拝領したものとされる。『甲陽軍鑑』によれば、元服を機会に三条公頼《きんより》の娘との結婚も決まり、勅使として父公頼が甲斐に下向し、七月に式が挙行されたという。公頼の娘が、すなわち三条夫人である。晴信と同じ十六歳であった。

三条家は藤原氏の一流で、摂関家に次ぐ家格を持つ公卿の家柄である。当主公頼は、当時権大納言であった。父実香は太政大臣にまでなり、彼自身も後に左大臣になっている。

一五二七（大永七）年に桂川での戦いに敗れ、近江に退去していた将軍義晴は、晴信の父信虎に上洛を命じているが、この噂を耳にした実香は、一族の三条西実隆に実否を確認する手紙を出しているから、同家は武田氏の動きに、早くから関心を持っていたようである。

三条夫人の菩提寺である円光院。信玄は母親大井夫人の時も菩提寺として長禅寺を創建している＝甲府市岩窪町

信虎が、晴信の結婚直前に起こった今川氏の家督争いに義元を支援したことで、両氏の関係が好転し、二六年二月には晴信の姉と義元が結婚する。今川氏の本拠駿府（静岡市）には、京の公卿で歌人でもある冷泉為和が、一五三一（享禄四）年ごろから滞在しており、今川家にも頻繁に出入りしていた。同年十月に為和が信虎の館を訪れ、歌会を催しているのも、関係改善の一例であろう。その後、十年余にわたって毎年のように甲府に来て何カ月か滞在するのは、歌道指導が主目的であろうが、年若くして遠国に嫁した夫人の話し相手として、公家生活や都のにおいを伝え、彼女の退屈さを慰める意味もあったものと思われる。

❖　❖　❖

三条夫人は晴信との間に、嫡子義信、二男龍宝（聖導）、三男信之、長女北条氏政夫人、二

信玄が建立したとされる三条夫人の墓。信玄の亡くなる
3 年前、50 歳で死去した＝円光院

女穴山信君夫人、三女木曾義昌夫人の六人をもうける。しかし、三男は早世、二男は盲目となり、嫡子に至っては夫信玄と対立して東光寺に幽閉され、やがて自害に追い込まれるなど男子はいずれも不遇で、家族的には恵まれなかった。長女の死を見送った約一年後の一五七〇（元亀元）年七月二十八日、五十歳で死去した。夫婦仲についての記録はないが、信玄は自分が甲府に移した成就院を円光院と改め、彼女の菩提寺とするなど、母親大井夫人と同じ扱いをしている。

（秋山　敬）

諏訪御料人

時代の波に翻弄された側室

武田信玄の側室に諏訪地方を支配した諏訪家の娘がいた。江戸時代の初期に編纂された軍学書の『甲陽軍鑑』に絶世の美女と描かれた女性であった。信玄の跡を継いで甲斐の国主となった勝頼の生母である。しかし、彼女の生涯もまた、時代の波に大きく翻弄されたものであった。

信玄の父信虎の時代、武田家と諏訪家はたびたび抗争を繰り返していた。しかし、一五三五（天文四）年ごろになると、両者のあいだに和睦の機運が高まり、そののち信虎の娘で信玄の妹であった禰々《ねね》御料人が諏訪頼重《よりしげ》のもとに嫁ぐことになった。甲斐と諏訪地方の平穏の時代の訪れであった。

ところが、一五四一年の信玄による父信虎駿河（静岡県）追放事件をきっかけに事態は一変する。国主となった信玄は、早くもその翌年、姻戚関係にある諏訪への侵攻を突如開始したのである。信濃（長野県）攻略の要衝となっている諏訪地域の領有を目指したものであった。信玄の勢いはすさまじく、なすすべもなく諏訪家の当主頼重は滅亡していった。

小説の中で「由布姫」「湖衣姫」とも名づけられた諏訪御料人の
ゆかりの場所であり、 観光名所でもある諏訪湖

諏訪御料人とは、この頼重の娘であった。小説のなかでは「由布姫」とも「湖衣姫」とも名づけられ、薄幸の女性に描かれている。しかし、皮肉にも父を討ち生家の諏訪家を滅ぼした信玄のもとへ嫁いでいくことになる。まだあどけなさが残る十四歳ごろのことである。

このときの輿入れをめぐってさきの『甲陽軍鑑』は印象深い記事を書き連ねている。討ち滅ぼした武将の娘を側室にしたい、信玄のこの提案に武田家の重臣たちはこぞって反対したのである。女人とはいえ、家を滅ぼし死に追いやった武将の娘ではないかと。

この重苦しい場面に登場したのが、武田氏に仕官してまもない山本勘助であっ

建福寺にある諏訪御料人の墓＝長野県伊那市

た。甲斐と諏訪との新たな関係を築くためには、この婚姻はきわめて重要であると重臣たちを説得したのである。

信玄の四男として、まもなく勝頼が誕生した。諏訪家を再興すべく、諏訪家の通字である「頼」の字が用いられ勝頼と名づけられている。しかし、生母である諏訪御料人のその後の足跡はよく分からない。勝頼を産んだ数年後に死去したことだけはわかっている。わずか二十三年ほどの短い生涯であった。

（萩原三雄）

松姫（信松尼）

婚約者の侵攻逃れ出家

第四次川中島合戦が行われた一五六一（永禄四）年、松姫は武田信玄の娘として誕生した。母は、兄の盛信、姉の菊姫と同じく、武田一族である油川信守の娘（油川夫人）とされる。

◈　◈　◈

『甲陽軍鑑』によると、一五六七年十一月二十一日、織田信長の使者が甲府を訪れ、七歳の松姫を信長の嫡子信忠の正室として迎えたい旨を申し出て、信玄もそれを承諾した。その月の初旬、松姫の兄勝頼に嫁いでいた信長の姪が、出産に際して亡くなった。尾張（愛知県）、美濃（岐阜県）を治め、京都に上洛を果たした信長は、信忠と松姫との婚礼により、甲斐、信濃（長野県）を治める信玄との連携の維持を望んだのである。一方、信玄は、駿河（静岡県）への侵攻をめぐり対立した嫡子義信を十月に亡くし、十一月初旬に義信の正室を実家の今川家に帰した。長らく同盟を結んだ今川家と縁を切り、新たに織田家と結んで駿河に侵攻する。松姫の婚約は、武田家の外交政策の大転換を意味した。

「木造松姫坐像」（信松院蔵・八王子市指定文化財）

婚約後も、松姫は甲府で暮らしたが、彼女が十二歳となった一五七二（元亀三）年、信玄は遠江（静岡県）、三河（愛知県）、美濃へと軍勢を進め、信長と対立。松姫の婚約も解消した。その後、松姫は嫁ぐことなく「新館御料人」と呼ばれた。

❖　❖　❖

一五八二（天正十）年、婚約者であった信忠が率いる織田軍が甲斐国に侵攻すると、武田家滅亡当日の三月十一日に、勝頼は石黒八兵衛ほかに命じて、松姫を避難させた。松姫は、武蔵国多摩郡上恩方村（八王子市）の金照庵に逃れ、やがて下恩方村（同）の心源院住持俊悦を師として出家。信松尼と称して庵を八王子の上野原宿に結んだ。これが信松院である。徳川家康が江戸城に入ると、八王子には武田家旧臣の大久保長安が代官所を構え、武田家の小人頭《こびとがしら》を出身とする千人頭が配置された。信松尼は、武田家旧臣たちに囲まれた生活を送った。

一六一一（慶長十六）年、将軍徳川秀忠は、側室浄光院殿（於静）が生んだ幸松丸（後の会津藩主保科正之）を信松尼に預けた。信松尼は、一六一六（元和二）年四月十六日に五十六歳の生涯を閉じるまで、幸松丸を武田家の後継者として、母子の保護と養育に努めたという。彼女の生涯は、戦国から江戸へと移り変わる時代の中で、「信玄の娘」という看板を背負った一生だったのではないだろうか。（西川広平）

松姫が織田軍の侵攻を逃れて出家後に開基した信松院
＝八王子市台町

黄梅院殿

三国同盟が生涯を左右

今川義元が富士川以東の駿河（静岡県）の地に兵を動かそうとしたのは、一五四五（天文十四）年七月のことである。同地はもともと、今川氏の領地だったが、一五三六年に新当主になった義元が甲斐の武田氏と手を結んだため、それまで今川氏の盟友だった北条氏が怒って侵攻し、占領していた。もちろん、武田晴信（後の信玄）も自ら援軍を率いて出陣し、義元が旧領を回復した時点で講和が成立している。晴信の斡旋によるものだが、彼は行軍途中で北条氏康から手紙をもらっているから、その内容は仲介の依頼だったに違いない。こうして、甲斐の武田、駿河の今川、相模（神奈川県）の北条三氏が三国同盟を結ぶ素地ができたのである。

一五五二年十一月に晴信の嫡子義信と今川義元の娘、五四年七月に義元の嫡子氏真と氏康の娘（氏政の妹）の結婚が相次いで実現した。その締めくくりが、晴信の長女と氏康の嫡子氏政の結婚である。長女は実名が分からないため、法名の「黄梅院殿」で呼ばれることが多い。十二歳になった彼女が、

甲斐市指定史跡となっている黄梅院跡。「黄梅院」は信玄の娘の供養のために建立された寺院と伝えられる＝甲斐市龍地

氏政のもとに旅立つのは、五四年十二月である。晴信のいとこに当たる父を持つ小山田弥三郎信有が、騎馬三千騎と一万人の武者を率いて花嫁一行を警護して行き、小田原で越年した。その後、盛大な婚儀が行われたと考えられる。

❖　❖　❖

彼女はその年の内に男子を出産しているが、一五六二（永禄五）年生まれの氏直が二人の長男とされるから、最初の子は早世したものと思われる。一五五七（弘治三）年にも懐妊し、この時は晴信が富士浅間大菩薩に対して願文を捧げ、「当産平安無病息災」を祈ったが、その効はなかった。晴信には五人の娘がいたが、伝存する安産祈願の願文三点はいずれも黄梅院殿に対するもので、長女への思い入れの深さがしのばれる。
結局、氏政との間に四男をもうけたが、一五六八（永禄十一）年末に父信玄が三国同盟を破って駿河に侵攻したため、北条氏との同盟関係は破たんした。政治に翻弄された黄梅院殿はその翌年の一五六九年七月三十日、この世を去った。信玄は、大泉寺（甲府市）に寺領を寄進し、彼女の菩提供養のために塔頭の造営を命じている。

（秋山　敬）

油川夫人

一族滅亡の果て、信玄に嫁ぐ

甲府市南部の油川の地に、武田信玄の側室になった一人の女性がいた。「油川夫人」と呼ばれるこの女性は、のちに豊臣家五大老で初代米沢藩主上杉景勝の正室となった菊姫や、武田氏最末期の一五八二（天正十）年、上伊那の高遠城で織田信長の軍勢と壮絶な戦いを繰り広げた仁科五郎盛信、武田家滅亡後に八王子の信松院に住した信松尼（松姫）などを産んでいる。いつ、信玄に嫁したのか、はっきりとしない。信玄との間に多くの子どもたちに恵まれたにもかかわらず、世にあまり知られていない女性である。井上靖作『風林火山』では、「琴姫」の名前で登場し、積翠寺で暮らしていた設定になっている。

この女性にも、諏訪御料人と同じように、戦国の世の、数奇な運命がつきまとっている。油川氏は、武田家一族の名族である。本拠は旧中道町（甲府市上曽根町）にある勝山城であった。信玄の祖父信縄《のぶつな》の弟信恵《のぶよし》が油川の地を本拠とし、油川氏を名乗っている。

武田家一族の名族だった油川氏が本拠を構えていた勝山城の跡（中央手前）＝甲府市上曽根町

ときは、戦国の世である。武田家内部にも深刻な対立が生まれていた。信縄・信恵兄弟は激しく争い、隣国の大名の今川氏や家臣を巻き込んだ戦いを繰り返していた。『勝山記』には「甲州乱国ニ成始ル也」と記され、『王代記』には「兄弟争論」とみえる。しかも、惣領の信縄はたびたび敗れ、苦境に陥っていた。『勝山記』にも「甲州以《もって》ノ外《ほか》物騒也。惣領度々負玉フ」と書かれる始末であった。そこに登場したのが、信玄の父信虎であった。

◈　◈　◈

一五〇七（永正四）年、信縄が死去。家督を継いだ信虎に再び油川氏は反旗を翻し、翌〇八年の十月、郡内小山田氏などの軍勢を巻き込み、壮絶な戦いに挑んだが、若い信虎に大敗し、油川氏は滅亡した。信玄の側室となった油川夫人は、その信恵の孫である。戦国の世の習わしといえども、あまりにも皮肉な巡り合わせである。戦国という時代が生んだもの悲しい一齣でもあるが、その時代を強く生きぬいたたくましい女性像も浮かんでくる。

（萩原三雄）

穴山信君

信玄の晩年支えた重臣

穴山信君は後年、「梅雪斎不白」と号したので、一般的には穴山梅雪の名で知られる。一五四一（天文十）年、穴山信友の嫡子として生まれた。幼名を勝千代という。

穴山氏は武田氏から分かれた氏族で、河内（富士川町鰍沢以南の富士川流域地域）を支配したが、特に武田氏との血縁関係が深い。曾祖父信懸《のぶとお》は国主（信縄《のぶつな》）の伯父といわれているから、妹が武田信昌に嫁したとみられる。また、母南松院殿は晴信（後の信玄）の姉であり、妻に晴信の二女である見性院殿を迎えている。そのため、武田氏の親族であるという意識が強かったものとみえ、信友は本名武田、在名穴山と称した。信君の出した文書には、姓まで記すものはそう多くはないが、使う場合は必ず武田で、穴山姓は残していない。

◈　◈　◈

史料上確認できる最初の行動は、一五五三年正月である。北条氏の使者から氏康の書状を受け取り、晴信に伝達している。穴山氏は信友時代から甲府城下にも屋敷を構えていたから、そのころに

穴山氏が治めていた身延町の富士川上空から、甲府のある北方向を望む

は躑躅ケ崎《つつじがさき》館《やかた》へ出入りし、晴信に奉仕していたのであろう。一五五八（永禄元）年ごろには家督も父から譲り受け、穴山氏当主としての活動も始まった。

『甲陽軍鑑』によれば、信玄は一五七三（元亀四）年に死去する際、自分の後継者に勝頼の子で当時七歳の信勝を指名し、勝頼が後見人として陣代を務め、亡き弟信繁の嫡男信豊と信君がこれを補佐し、十六歳になったら家督を継がせるように遺言したという。遺言が事実かどうかは別にして、信玄の晩年には、武田家臣団の御親類衆の中で、信君が筆頭の立場になっていたことを反映するものであろう。そのころ出した手紙でも、信君は勝頼を「四郎殿」と呼び、対等的な表現を用いている。

◈　◈　◈

一五八二（天正十）年三月に武田氏が滅亡した際、いち早く信君が徳川家康に内通したことが裏切り行為として非難されているが、先の強烈な親族意識が、自分が武田を継ぐべき正統であるとの思いを募らせ、生き延びる手段として、内通がやむを得ず選択されたのではなかろうか。

こうして戦国領主として生き残った信君は、家康とともに織田信長と対面するため上洛する。その直後、「本能寺の変」が起こり、信長が殺された混乱のさなか、逃げ帰る途中を一揆に襲われ、非業の最期を遂げた。

（秋山　敬）

板垣信方

信虎追放、信玄に生涯仕える

武田信玄の傅役《もりやく》と伝わる板垣信方は、父信虎以来、武田家を補佐する譜代の重臣であった。板垣氏は、現在の甲斐善光寺や東光寺などがある一帯を支配した、武田一族の家柄であった。気むずかしいことで知られた信玄の父信虎も、信方だけは心から信頼していたようで、追放される前年の一五四〇（天文九）年に、制圧した信濃国（長野県）佐久郡の要衝前山城を預けている。

佐久は、武田家が他国に初めて領土を広げた場所であり、前山城は軍事上の要衝でもあったから、そこの統治を委任された信方が、信虎より厚く信頼されていたことがうかがえよう。だが信方は、信虎の寵愛に背くことのないように装いながら、ひそかに主君信虎の追放を画策していた。

武田信虎は、内政や外交の路線をめぐって、しばしば家臣たちと衝突し、決して妥協しようとはしなかった。そのため、信虎の不興を被った者たちは、武田家に見切りをつけて他国へと去ったり、隣国の武将と結んで反乱を起こしたり、あるいは粛清されたりした。このことから、武田家中では、

板垣氏が治めていた板垣郷一帯。東光寺、甲斐善光寺（中央）など
武田氏ゆかりの寺院も多い。甲斐善光寺周辺に信方の本拠地があった

主君信虎の独裁を放置しては、甲斐は再び内乱が再発しかねないという危機感が台頭していた。

信方は、ひそかに若き信玄を新たな当主に担ぎ、信虎に引退してもらうことを計画したのである。信方は、信玄とともに同僚の飯富虎昌を説得し、信虎が駿河国（静岡県）今川義元を訪問するため、国を留守にする時期を好機と判断した。おりしも、甲斐は百年に一度といわれるほどの大飢饉に見舞われており、それに対処する政治改革が求められていた。

だが信虎は、何ら手を打とうとはしなかったのである。信虎と信玄の確執、飢饉による不穏な国内情勢、信虎と家臣団との根深い確執、そして一部の家臣しか知らぬ信虎の駿河訪問。信玄と信方による、クーデターの条件は整ったのである。一五四一年六月、信玄と信方は、国境を封鎖して信虎の帰路を断ち、無血クーデターを成功させた。以後信方は、若き信玄を支え、信濃経略にまい進したのである。

（平山　優）

春日虎綱

近習に抜擢、海津城も守る

武田信玄と上杉謙信が激しい争奪戦を繰り広げた信濃（長野県）・川中島地方の要衝「海津城」を預かり、謙信の南下を食い止めることに生涯をささげた武将が春日虎綱である。

彼は、「石和の大豪農」春日大隅の子で、春日源五郎と名乗っていた。父の死後、姉婿と遺産をめぐって争った末、信玄の裁定で敗れたが、その時に源五郎の挙措や言動を見込んだ信玄にその場で取り立てられ、近習《きんじゅ》（秘書）として異例の抜擢をされたと伝わる。

しかし、それが周りの人々の嫉視《しっし》を浴びる原因となる。身分の低い源五郎は、信玄に取り入ったのだとか、あんな人間を取り立てるとは、信玄公も眼《め》が曇ったのではなどという悪意に満ちた噂話が飛び交う中で、一言の反論もすることなく、ただひたすら信玄に奉公すること

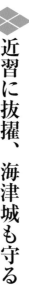

長野県長野市の海津城跡。春日虎綱はこの城の城代に任命され、上杉謙信の侵攻を食い止めることに生涯をささげた

に精進した。それは、自分が何を言われても構わないが、自分を取り立ててくれた信玄の面目をつぶしてはならないと思ったからである。

そのため、源五郎は、ただの一度も、信玄の不興を被ることなく、側近としての地位を保ち続けた。そして、信濃・小諸城などに在城し、村上義清や上杉謙信らのライバルとの戦いで多くの功績を挙げていった。

◈　◈　◈

彼の活躍に、家中での悪罵《あくば》はいつしか止み、信濃の名族香坂氏の養子に迎えられ、香坂弾正忠虎綱と称した。そして、ついに一五六〇（永禄三）年には、川中島の要衝「海津城」の城代に任命されたのである。香坂は、川中島の戦いをはじめ、信玄の主要作戦のほとんどに従軍し、気後れすることなく信玄に直言

『甲陽軍鑑』（山梨県立博物館蔵）

して、武田軍の作戦に大きな影響を与えた。中でも、西上作戦途上の信玄が、三方ケ原の戦いで徳川家康を破った後に、その本拠地浜松城を攻撃しようとした際に、形勢の不利を説いて、中止させたことはよく知られている。

信玄の死後、武田勝頼が長篠合戦で大敗すると、前途を憂えた虎綱は、勝頼と側近たちに向けて、諫言《かんげん》の書を執筆した。それは彼の死まで書き続けられ、後に甥の春日惣二郎が完成させた。それが『甲陽軍鑑』の原本であるといわれる。

（平山　優）

山県昌景

御使番務め信頼勝ち取る

武田四天王の一人と称された山県昌景は、板垣信方とともに、武田信虎追放と信玄擁立を実現させた飯富虎昌の実弟で、もとは飯富源四郎昌景と呼ばれていた。彼は、嫡男ではなかったから、当然、兄の虎昌の庇護を受けて生涯を過ごすはずであったが、その才能を見込んだ武田信玄によって、近《きん》習《じゅ》（秘書）に取り立てられた。

そして昌景は、若き信玄を支える奉行衆の一員となり、税制の整備をはじめとする内政に携わり、外交でも北関東の大名との交渉役を務めた。その後は、百足旗《むかでばた》と母衣《ほろ》を背負う御使番《おつかいばん》として本陣に詰めた。この御使番は、信玄の命令を各部隊に口頭で伝達する、いわば信玄の代理であるため、極めて信頼された人物だけが任命されるものであった。しかも、戦場で矢玉が飛び交う中を、馬を繰って疾走し、味方に命令を伝えるのであるから、武勇にもすぐれていなければならない。

昌景は、この大役を見事に務め、ついに一五五二（天文二十一）年に、百五十騎の部下を預かる

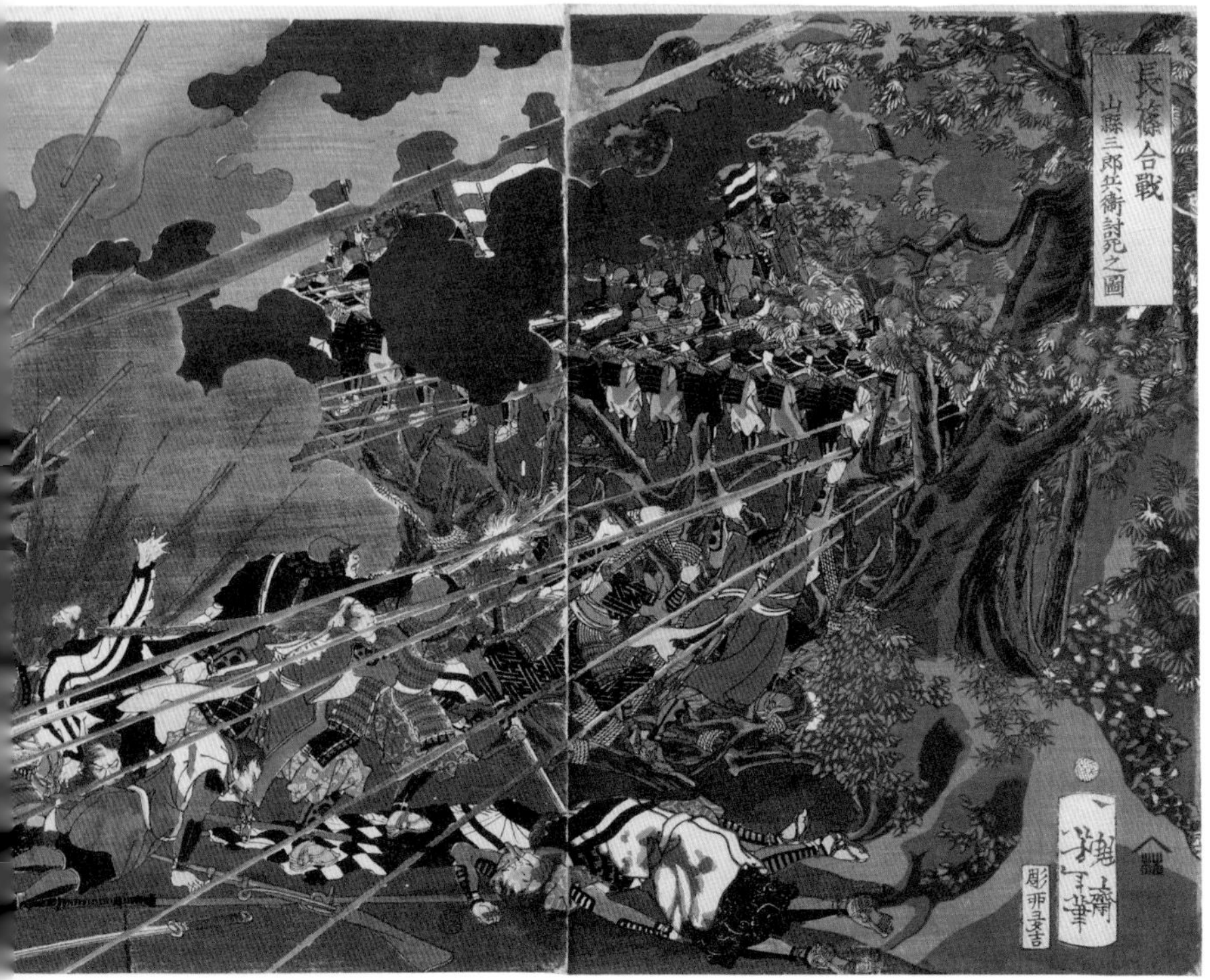

侍大将に任命された。この結果、兄虎昌から完全に自立した、一人の武将として認められたのである。昌景は、この部下を率いて、川中島の戦いでは先陣を務め、上杉軍の柿崎景家隊と激戦を交えている。その後昌景は、虎昌が、信玄の嫡男太郎義信とともに、信玄暗殺の画策をしていることを偶然知ると、「いかに兄といえど、御大将に弓を引くのを看過できない」と思い、信玄に直ちに報告したという。

◈ ◈ ◈

このため武田家の危機は未然に回避された。昌景も、飯富一族であることから処分を覚悟していたが、信玄はその心中を察して罪に問わず、絶家していた山県家の相続と、虎昌の部下を引

「長篠合戦　山縣三郎兵衛討死之図」（月岡芳年画、山梨県立博物館蔵）

き継ぐように命じた。その後、昌景は自分の部隊の武装を朱一色に統一し、「山県の赤備え」を完成させた。

　その勇猛ぶりは、敵を戦慄させたという。昌景は、一五七五（天正三）年五月の長篠合戦で戦死したが、山県の部隊は、武田氏滅亡後、徳川家康の家臣井伊直政に引き継がれ、「井伊の赤備え」としてその名を残した。

（平山　優）

馬場信春

勘助の築城術受け継ぎ功績

武田四天王の一人に数えられる馬場信春は、春日虎綱とともに、その出自が異例であることで知られる。信春は、もと「教来石民部」といい、甲信国境の教来石郷を支配した豪族の出身で、この地域一帯を警固する武川衆の一員であった。そのため、板垣信方、原昌胤、内藤昌秀、飯富虎昌らのような上級家臣を構成する名門の家柄ではなかった。

しかし、教来石民部の才能を見抜いた信玄は、いきなり旗本を警固する侍大将に抜擢し、五十騎を預けたという。その際に、武田家の譜代馬場氏の名跡《みょうせき》を継がせ、馬場民部少輔信春と名乗らせた。

また、彼の才能が戦陣での用兵だけではないことを看破した信玄は、一計を案じた。信玄は、山本勘助から、城造りの技術と思想に

教来石民部の屋敷跡（中央手前）＝北杜市白州町鳥原

ついての講釈を受ける際に、馬場信春を必ず傍らに控えさせ、その内容を聞かせたのである。それは、勘助が長年会得した築城術の奥義を、信春に継承させ、武田家を支えるための家伝の技法にまで高めたいと願ったからにほかならない。

信春は信玄の期待に見事に応え、勘助の築城術を自家薬籠中のものとし、勘助の戦死後、武田氏の占領地での築城をほぼ一手に引き受けたのである。信春は信濃（長野県）侵攻作戦で数多くの功績を挙げ、小笠原長時を追放した後に武田氏が築いた深志城（現在の国宝松本城）の城主に任ぜられ、小笠原・村上義清の反攻に備えた。その後、信春は、牧之島城主（信州新町）となり、海津城主春日虎綱とともに、上杉謙信の南下に備え、また越中（富山県）の反上杉勢力である椎名・神保氏らと連携を図る重要な役割を与えられた。

❖　❖　❖

また信春は、武田信玄、勝頼が実施したほとんどの作戦に従軍した。特に、一五六九（永禄十二）年に信玄が北条氏を攻めるべく、小田原まで遠征した際に、主君を案じた信春は、信濃に残留して上杉謙信に備えよとの命令を破り「こちらの戦の方が面白そうだ」と独断で従軍した。信春の心情を知っていた信玄はこれを罰せず、軍旅に加わることを許した。信春は、小田原攻めの帰途、北条軍との遭遇戦となった三増峠の合戦で、比類なき働きをし、武田軍の危機を救ったという。

（平山　優）

菊姫

景勝に嫁ぎ「甲越同盟」

菊姫は、一五五八（永禄元）年、武田信玄と側室である油川信守の娘（油川夫人）との間に生まれた。母を同じくする兄弟・姉妹として、兄の盛信、妹の松姫がいる。

一五七八（天正六）年三月十三日、越後（新潟県）の上杉謙信が死去すると、その後継者をめぐって、相模（神奈川県）の北条氏政の弟景虎と謙信の甥景勝という二人の養子の間で、「御館《おたて》の乱」と呼ばれる内乱が始まった。菊姫の兄武田勝頼は、同盟関係にある氏政の要請で、景虎を助けるべく越後に軍勢を進めたが、景勝は、信濃（長野県）、上野（群馬県）の上杉領の割譲を条件に勝頼との和睦を実現する。八月十九日、勝頼は景勝に起請文を送り、景勝との連携、勝頼による景勝・景虎の調停とともに、景勝と菊姫との「縁段」を約束した。

勝頼を味方につけた景勝は勢力を強め、翌一五七九年三月に景虎を滅ぼした。一段落がついた九月七日、勝頼は家臣の跡部勝忠に祝言の支度を命じ、十月二十日に景勝と菊姫との婚礼が行われた。

上杉家・直江兼続の菩提寺でもある林泉寺の菊姫の墓

武田・上杉両家の「甲越同盟」が名実ともに成立したのである。

ところが、一五八二（天正十）年二月、木曾義昌が勝頼に謀反を起こし、織田信長・信忠、徳川家康の軍勢が武田領内へと攻め込んだ。勝頼は景勝に援軍の派遣を要請。上杉軍は牟礼（長野県飯綱町）まで出陣したが間に合わず、三月十一日に武田家は滅亡した。越後には、弟の信清をはじめ武田家旧臣たちが亡命し、その後、上杉家に仕えるようになる。

◈ ◈ ◈

武田家を滅ぼした信長は、次に上杉家の滅亡を狙った。絶体絶命の危機に陥った景勝であったが、六月二日に京都で「本能寺の変」が起こり、信長が死去。六月八日に異変を知った景勝は、旧武田領の信濃へと侵攻し、川中島周辺を占領した。この際、「信玄の娘」菊姫を妻としたことが、景勝にとって有利に働いたことは想像に難くない。

景勝と菊姫との間に子どもは生まれなかったが、景勝が豊臣秀吉に従うと、正室である菊姫は、人質として京都や伏見の上杉邸で生活した。その後、景勝は一六〇〇（慶長五）年の関ケ原合戦に際して、再度滅亡の危機を迎えたが、米沢（山形県）三十万石の大名として江戸時代に存続することになる。それを見届けるようにして、菊姫は一六〇四年二月十六日、伏見の上杉邸において四十七歳で亡くなった。

（西川広平）

林泉寺にある、菊姫の弟・信清の五輪塔
＝いずれも山形県米沢市

理慶尼（松葉）

「怨念」を忘れ勝頼弔う

一五八二（天正十）年三月十一日、甲斐の国主武田勝頼は天目山田野の地において自害し、甲斐源氏以来の名門武田家は滅亡した。

この数日前、郡内の岩殿城を目指して東へ逃避行を続ける勝頼一行に出会った一人の女性がいた。勝沼大善寺の桂樹庵理慶尼である。松葉とも称するこの女性は、武田家一族の身でありながら、武田家に深い怨念を持つ女性であった。

理慶尼は、『甲陽軍鑑』によれば、現在の甲州市勝沼町勝沼字御所の地に館を構えていた武田信虎の同母弟である勝沼信友の娘とされていたが、近年の研究では信友の戦死後に勝沼氏の名跡《みょうせき》を継いだ府中今井信甫の義母と考えられるようになった。

ところが、一五六〇（永禄三）年にこの今井信甫の子信良は信玄に対し、「逆心」のたくらみを抱き、その罪によって「成敗」されてしまったと、諸書は伝えている。この一件が契機になったのか、理慶尼は今井氏の菩提寺であった大善寺に遁世したという。

滅亡のおよそ一週間前の三月三日、新築したばかりの新府城に自ら火をかけ、百名にも満たない武将たちに守られながら落ち行く勝頼一行は、途中、大善寺に宿をとることになった。そのとき、再会したのが、この理慶尼であった。彼らはその夜、夜が更けるまで、語り明かしたと、諸書は伝えている。その数日後、田野の地で自害し果てた勝頼たちのもとにいち早く駆け付け、涙ながらに手厚く弔ったのも彼女であったという。

「理慶尼像」（一部）（大善寺蔵）

理慶尼が遁世した大善寺。武田勝頼が自害する１週間ほど前、同寺に泊まり、理慶尼と語り明かしたという＝甲州市勝沼町勝沼

武田家に滅ぼされ、嫁ぎ先すらも追われた一人の女性、その女性が武田家の最後をみとることになった、この皮肉な歴史。一行と理慶尼は、一夜、いったい何を語り合ったのか。いまは探るすべはないが、激しく移りゆく世のあわれを感じとったのだろうか、ここで詠んだという勝頼の辞世の歌が、その後理慶尼によって高野山に奉納されている。

おぼろなる　月もほのかに　くもがすみ
はれてゆくゑの　にしのやまのは

（萩原三雄）

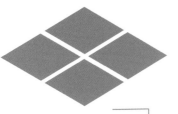

探訪武田史跡

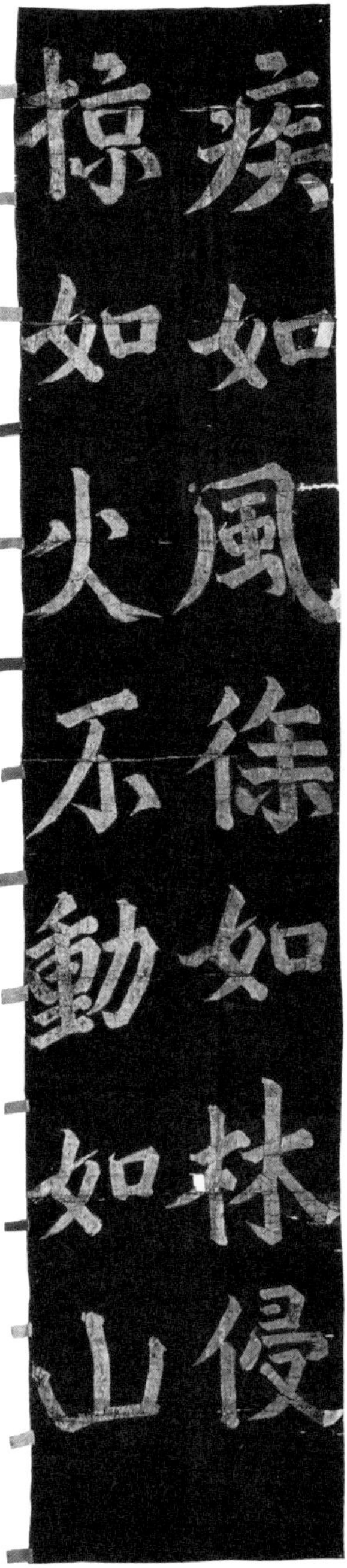

武田氏館と甲府城下町の建設

国内有数の規模　繁栄極める

今からおよそ五百年前の一五一九（永正十六）年、武田晴信（後の信玄）の父信虎は、盆地東部の石和方面から甲府へ府中の移転を断行した。府中とは、国の政治経済の中心地であり、甲斐の府中、すなわち甲府の誕生である。盆地北部の相川扇状地の開析部分に巨大な方形の館を築き、南方の広大な一帯には戦国城下町の建設に着手、館と都市が一体となった甲斐国の府中にふさわしい本拠づくりがここに開始されたのである。

この館は躑躅ケ崎館《つつじがさきやかた》とも呼ばれ、つづく信玄、勝頼の三代六十余年の本拠となったのであるが、現在武田神社が鎮座している館の跡には堀や土塁、石垣などが存在し往時の面影をしのぶことができる。戦国城下町は、館を南下して甲府駅あたりにまで及んでいたらしく、約二町間隔の街路をもつ整然とした区画にかつての威容を窺うことができる。

甲斐府中の甲府への移転と、館や城下町の建設には、各地の有力国人層が反発している。特に、

武田氏館跡（躑躅ケ崎館跡）とその南方（上方）に広がる戦国城下町甲府の景観

東郡《ひがしごおり》の栗原氏、甲府南部の今井氏、西郡《にしごおり》の大井氏らは頑強に抵抗し、若き信虎も苦渋な戦いを強いられたが、これを果敢に克服して戦国大名として大きく脱皮することになった。信虎二十五〜二十六歳のころの出来事であった。

館の建設に続き、その翌年には、本城の要害城を築造し、さらに湯村山城や一条小山の砦を建設するなど、相次いで築城を行い、甲斐国の本拠の造営に邁進した。整然とした城下には、譜代の重臣をはじめとする武士層や、商人職人たちも集住させ、さらに寺社の開創や移転も強行し、ここにわが国でも有数の規模をもつ戦国城下町甲府の骨格ができあがったのである。

信虎の跡を継いだ信玄は、館と城下町の拡充整備を行い、とくに館には西曲輪《にしくるわ》や北曲輪《きたくるわ》など多くの郭《くるわ》を増設し、内部には京の伝統と文化を採りいれた華麗な建物群を配置したという。

戦国城下町にも、多くの建物が並び、人々が往来し、繁栄を極めたという。その形跡は近年の発掘調査によって少しずつ知られるようになったが、なかには金製品の製作跡が発見されるなど、具体的な職人の存在なども鮮明になってきている。

◈　◈　◈

館建設からおよそ六十三年後、信玄の跡を継いだ勝頼は、再び府中の移転を決意し、韮崎の七里岩台上に新城の築造に着手した。韮崎新府城の築城である。信虎、信玄と続いて栄華を誇った甲府の館はこのとき、ことごとく破却され、信玄お手植えの松なども切り捨てられたと記録されている。

武田氏のこの巨大な館と戦国城下町甲府は、甲斐一国ばかりではなく、その後に武田領国に組み

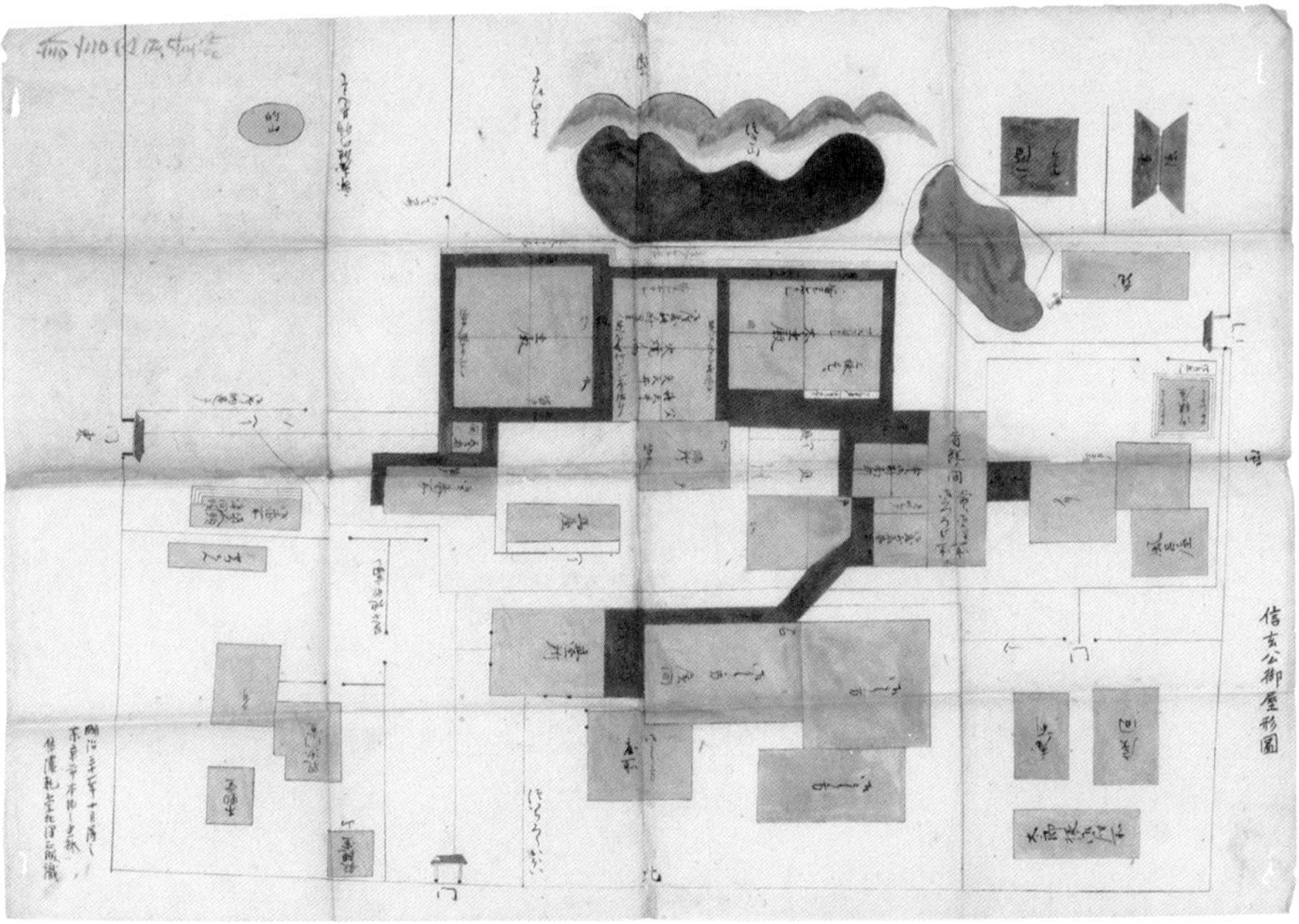

信虎・信玄・勝頼のいわゆる武田三代の時代、武田氏館跡にあったとされる建物の配置を描いた「信玄公御屋形図」（江戸時代、山梨県立博物館蔵）

込まれた信濃（長野県）、駿河、遠江（いずれも静岡県）、さらに西上野（群馬県の西側一帯）などの広い支配地域の本拠として栄えていくことになり、ここを舞台にしたさまざまな歴史ドラマも生まれていく。

（萩原三雄）

信玄堤

治水は領国経営の基礎

一五四一（天文十）年六月に父信虎を駿河（静岡県）に追放して甲斐国主となった武田晴信（後の信玄）は、信濃（長野県）侵攻を進める一方、国内では治水事業も手掛けたという。甲斐国は山峡の地であり、周囲の山々に源を発する河川は盆地内を急勾配で流れ下って多くの水害を引き起こしてきた。国内の治水対策は領国経営の基礎であるとともに、国主としての責務でもあった。

甲斐国内で治水の最大の難所とされたのが、釜無川が甲府盆地に注ぎ出る竜王付近であった。晴信は釜無川左岸にそびえる高岩の南端から南側に向けて堤防を築き、釜無川の流れを南側に向けようとした。のちに信玄堤と呼ばれる堤防である。信玄堤ができる以前の釜無川の主流は甲府盆地を東南方向に斜めに流れ下り、甲府市の落合付近で笛吹川と合流していた。信玄堤の着工時期ははっきりしないが、竣工については堤防の裏側（東側）に棟別役免除を条件として集住者を募集する一五六〇（永禄三）年八月の古文書が遺るため、この時期には一応完成したと考えられている。堤

甲府盆地を流れる釜無川。手前左側の崖が高岩で、
その南端（右側）から信玄堤が続く

防裏側の旧河道にできた村は竜王河原宿と呼ばれ、住民たちは堤防の維持管理に携わりながら新田開発を進めた。

◈　◈　◈

かつて御勅使川の主流は現在の信玄橋付近で釜無川と合流し、そのまま東側に流れていた。当時の築堤技術では信玄堤をいくら強固に築いても釜無川と御勅使川の勢いを抑えることは難しかったため、御勅使川の主流を北側（現在の流路）に移し、増水時に御勅使川は釜無川の流れを西側から圧迫して高岩に向け、その下流側の信玄堤を直撃しないようにしたという。御勅使川流域に残る石積出、将棋頭、堀切などは、河道変更や水勢緩和のための治水施設とされている。

信玄堤は武田氏滅亡後も南側に延長され、信玄橋東詰付近から南側は一五八二（天正十）年の天正壬午の乱以降に甲斐国を領した徳川家康や豊臣大名の加藤氏や浅野氏らによって築かれた部分である。さらにその下流側の昭和町や中央市の霞堤と呼ばれる左岸堤防は江戸時代前期にかけて築堤され、最終的に釜無川が現行の流路になるのは江戸時代中頃である。その意味では釜無川流路は武田氏によって完成されたものではないが、この高岩南側の晴信が築堤した部分は、治水の要所として守られ、今日まで維持されてきた。

（畑　大介）

八幡信仰（武田八幡宮と大井俣窪八幡神社）

武田氏造営の建物の宝庫

八幡神に対する信仰は大分県の宇佐八幡宮に始まるとされるが、後に清和源氏が氏神としたため、その一族である甲斐源氏もこれを崇拝し、八幡神を祀る神社（八幡神社）を甲斐国内各地に勧請、創建した。その代表的な神社である韮崎市の武田八幡宮と山梨市の大井俣窪八幡神社を紹介しよう。

◈　◈　◈

武田八幡宮は、平安時代末期の甲斐源氏棟梁武田信義が氏神としたといい、神社の所在する北宮地に隣接して武田の地名が残る。武田氏の名字の地（本拠地）については、近年信義の祖父義清が常陸国武田郷（茨城県ひたちなか市）を領したことが明らかにされ、甲斐国武田が名字の地ではないとの説が有力であるが、名字の地でなくても、周辺には彼を開基とする願成寺や館伝承地があるなど、信義との関係を伝える遺跡も少なくなく、彼がこの地に拠った可能性は否定できない。

1541（天文 10）年に造営された武田八幡宮本殿＝韮崎市神山町

今は道路となっている参道を跨ぐ木造の二の鳥居（県指定文化財）を抜けてさらに西進すると、石垣の前にたどりつく。石垣上には、一五八四（天正十二）年の刻銘をもつ石鳥居（県指定文化財）が立ち、そこから随神門、神楽殿、拝殿が階段状に並び、最高所に配されるのが本殿である。本殿（重要文化財）は武田晴信（後の信玄）を檀那として一五四一（天文十）年に竣工したもので、左脇には県指定の小さな若宮八幡宮本殿が並ぶ。境内のどこに立っても、これらの建物を囲む樹叢《じゅそう》（市指定）が静寂さを際立たせ、われわれを戦国時代に誘ってくれそうだ。

一方、大井俣窪八幡神社は宇佐八幡宮を勧請したとされ、奥州征伐の際、甲斐源氏の祖とされる新羅三郎義光が、奥州で苦戦する兄八幡太郎義家のもとに駆けつける際、戦勝祈願をしたとの所伝

全国の現存社殿で最大級の大井俣窪八幡神社本殿＝山梨市北

をもつ。所在地の字名「北」は、江戸時代の村名八幡《やわた》北村の略称で、社名が地名に投影されるほどの由緒があったことが分かる。

笛吹川河畔から神社に向かうと、大きな木造鳥居をくぐって神門に至る。右側の池の中島に比咩《ひめ》三神本殿を見て石段を登ると、正面に本殿と拝殿、左手に若宮八幡神社本殿・同拝殿、右手に武内大神本殿および高良《こうら》神社本殿が並ぶ。この鳥居以下九棟が重要文化財で、別に県指定の鐘楼・石造如法経塔もある。比咩三神本殿を除き、いずれも武田家当主を願主とする造営と推定され、同氏の八幡神への傾倒の深さがうかがえる。中世建物の宝庫といえ、特に十一間社の本殿は、全国の現存社殿の中で最大級であり、圧巻である。

（秋山　敬）

浅間信仰（北口本宮冨士浅間神社、河口浅間神社）

富士山への畏敬の念表す

秀麗な山容をもつ富士山は、古くから人々が崇拝する霊山で、『常陸国風土記』には同山に住む「福慈神《ふじ》」が登場し、『万葉集』にも富士山を対象とする歌が多く収録されている一方、噴火を繰り返して災害をもたらす恐るべき山でもあった。特に、八六四（貞観六）年の大噴火は大きな衝撃を与え、朝廷の命により甲斐国にも富士山の祭神浅間大神（後に、木花開耶姫命《このはなさくやひめのみこと》のこととされる）を祀る神社が創建され、その鎮魂が図られた。これが浅間神社（アサマとも、センゲンとも読まれる）であり、その後も各地に勧請された。

時代が下ると、その信仰は富士山へ登山するという形をとるようになり、戦国時代には道者《どうしゃ》と呼ばれる参詣者が各地から集まった。この道者を案内して宿泊などの面倒をみるのが御師《おし》で、甲斐国

1561（永禄 4）年に信玄が寄進した北口本宮冨士浅間神社東宮本殿
＝富士吉田市上吉田

側では吉田口登山道の起点に位置する上吉田（富士吉田市）と、船津口の河口（富士河口湖町）とが御師集落として繁栄した。

上吉田の御師の家は最盛期には八十六軒あったといわれるが、小佐野家住宅や修復されて公開されている外川家住宅（いずれも重要文化財）などが残され、往時のおもかげを伝えてくれる。

北口本宮冨士浅間神社は上吉田集落南端に接してあり、富士山登拝《とはい》の出発点である。うっそうとした木立の中を、両側に並ぶ大きな石灯籠を見ながら南下し、清涼な水が勢いよく流れる御手洗川を渡ると、大鳥居に至る。鳥居左手に福地八幡宮、正面に随神門があり、これを抜けると神楽殿で、その左に手水舎、神楽殿の向こうに拝殿・弊殿が見える。これらの建物は富士講の盛んになった十八世紀中期の建築で、華美な彫刻に目を奪われる。拝殿奥の本殿は一六一五（元和元）年、武田信玄寄進の東宮本殿は一五六一（永禄四）年、西宮本殿は一五九四（文禄三）年造営で、いずれも重要文化財。中世から近世の建造物が一堂に会する点で、見る者を楽しませる。

❖　❖　❖

一方、河口は河口湖畔の御坂峠南麓にあり、古代の御坂路、中世の鎌倉往還の要衝で、御師集落としても上吉田に引けを取らなかったとされる。同地の河口浅間神社は貞観の噴火を契機として勧請されたと伝えられる古社である。何回かの火災で古い社殿は失われたものの、境内にそびえる七本の杉の巨木（県指定天然記念物）は、願意よ天に届けとばかりに高く、見上げるわれわれにその頂を見せない。

（秋山　敬）

杉などの高木に囲まれた河口浅間神社
＝富士河口湖町河口

恵林寺

高僧招き再興、菩提寺に

甲州市の恵林寺は武田信玄の菩提寺として知られる臨済宗寺院だが、創建はそれより遡る。鎌倉時代末期の一三三〇（元徳二）年、牧荘の領主だった二階堂貞藤が、夢窓疎石《むそうそせき》を開山に招いて所領内に創建したのに始まる。南北朝時代には竜湫周沢《りゅうしゅうしゅうたく》や絶海中津《ぜっかいちゅうしん》などの名僧が相次いで住持となり、大いに発展した。

しかし、室町時代に入ると衰退し、寺歴も明瞭にわからなくなるが、再興に力を注いだのが信玄である。彼は明叔慶浚《めいしゅくけいしゅん》を始め、天桂玄長《てんけいげんちょう》・策彦周良《さくげんしゅうりょう》・希庵玄密《きあんげんみつ》など、天下に名高い他国の高僧を次々と住職に迎え、興隆を図ったが、特に傾倒したのは快川紹喜《かいせんしょうき》であった。快川は、一五五三（天文二十二）年に入寺した後、いったん美濃（岐阜県）に戻ったが、信玄はその再住を強く求め、快川自身をして「甲州太守の敦請（手厚い招き）」に負けたとまでいわせている。再び恵林寺住持となった快川に対し、入寺直後の一五六四（永禄七）年十二月、信玄は寺領約三百貫文を寄進すると

ともに自らの菩提所とする文書を与え、再来に応えたのである。快川もその気持ちを察したのか、一五七三（元亀四）年に信玄が死去した後も恵林寺に留まり、武田氏の存続に尽力するが、一五八二（天正十）年の武田氏滅亡時に、織田軍の攻撃を受けて当寺山門の楼上で焼死した。

❖　❖　❖

境内を歩いてみよう。参道を北進して最初にたどりつくのが、重要文化財の四脚門で、一六〇六（慶長十一）年の再建である。朱塗のため「赤門」の名で親しまれている。さらに直進すると、三門（県指定文化財）に至る。快川焼死後に移築されたものだが、柱に焼死する際に唱えたという偈《げ》を掲げる。その先の正面に開山堂（市指定文化財）がある。境内別地から移築されたものだが、一七四〇（元文五）年の棟札が残る。左手奥にあるのは武田不動尊像を安置する信玄霊廟《れいびょう》明王殿で、柳沢吉保によって一七〇九（宝永六）年に造営された。恵林寺は一九〇五（明治三十八）年の大火で伽藍を失い、それ以前に遡るのは前記四棟のみだが、再建された庫裏・本堂は

信玄の菩提寺として知られる甲州市の恵林寺（手前緑地）と
背後の扇山（恵林寺山）

拝観可能で、本堂裏の夢窓作という庭園（国指定名勝）を見ながら順路をたどると霊廟背後の信玄の墓（県指定史跡）や柳沢夫妻の墓も間近に見られる。また、信玄公宝物館には多くの寺宝が展示、公開されており、往時をしのぶには事欠かない。（秋山　敬）

勝沼氏館跡

金製作、悲壮な歴史秘める

甲州市勝沼町勝沼字御所という所に勝沼氏館と呼ばれる戦国時代の館跡が存在している。北側には甲州街道が東西に走り、南側眼下には日川の急流が流れている要害の地である。東北には、国宝薬師堂をもつ名刹《めいさつ》大善寺がある。

この館は、武田信玄の叔父である勝沼信友の本拠であり、戦国時代には盆地東部一帯から郡内地域に対する目付的存在であった。

◈ ◈ ◈

信友は信玄の父信虎の同母弟で、信虎の治世をよく支え信頼が厚かったが、一五三五（天文四）年の北条・今川連合軍との戦いで壮烈な戦死をしてしまう。近年の研究によれば、その跡を継いだのは府中今井氏であったが、この今井信良も「逆心の文あらわれて」信玄によって成敗されてしまったという。主家の武田家に対する謀反のかどで誅滅されたのであり、一五六〇（永禄三）年の出来事であった。それ以後、この館は歴史の表舞台から姿を消していったが、このときに一族の松葉（後

館内部で金製作にかかわっていた工房跡が見つかった勝沼氏館跡（中央）

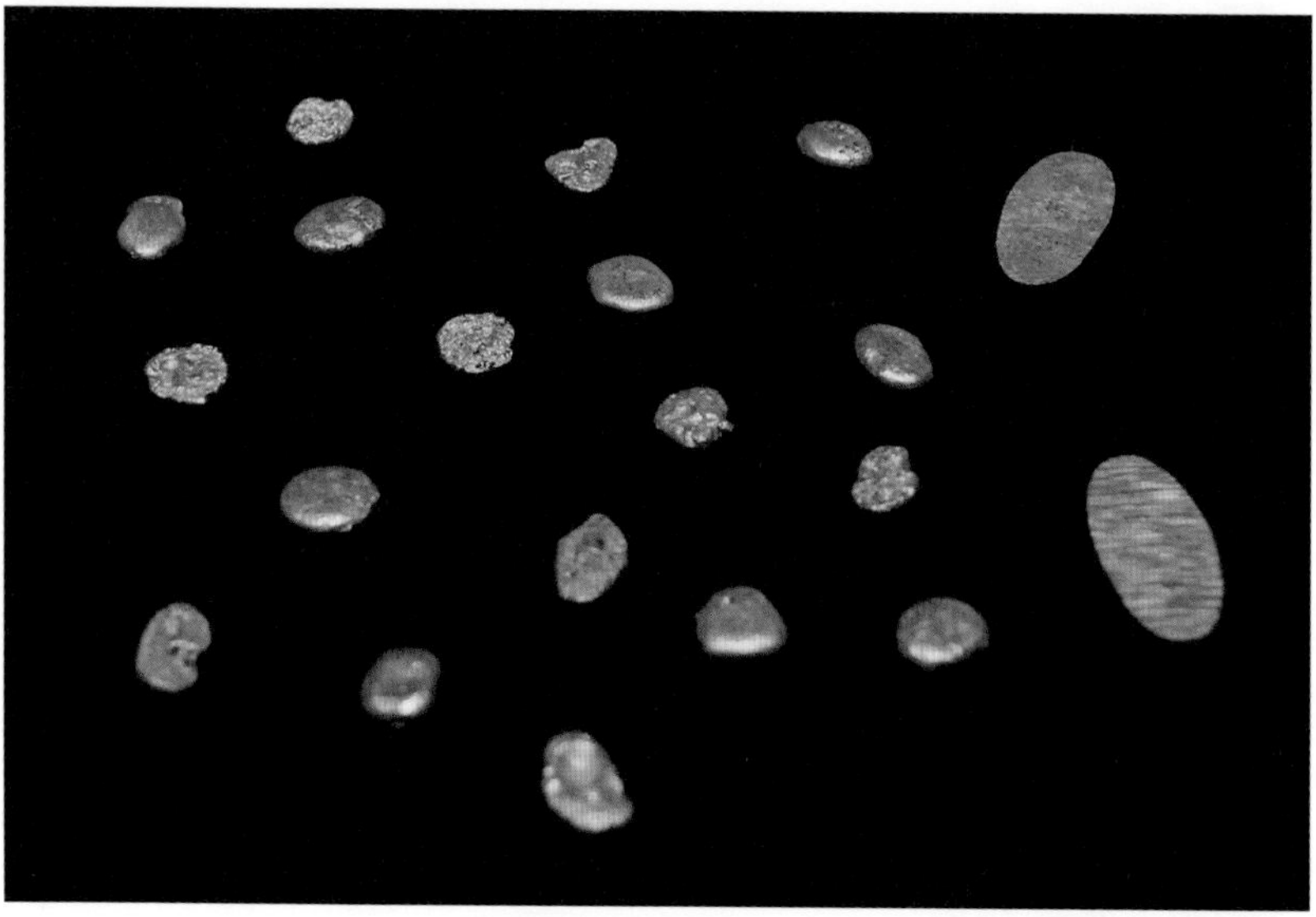

勝沼氏館跡近くで出土した甲州金（山梨県立博物館蔵）

の理慶尼）は、大善寺に遁世し、余生を大善寺で過ごしながら、館跡を静かに見守っていたと記録されている。

それからしばらくした一五八二（天正十）年三月の武田氏滅亡の年、わずかな手勢で東への逃避行を続けた武田勝頼一行は、途中この大善寺に立ち寄り、仏門に入っていた理慶尼と再会することになった。このとき一行と理慶尼らは、涙ながらに一夜を語り明かしたと諸書は伝えているが、激しく移り行く世の無常のなかにのみ込まれた名族武田家の、滅亡時のこの物語は、今でも多くの人々の涙を誘っている。

◈　◈　◈

一九七三（昭和四十八）年十二月、悲壮な歴史を秘めるこの館の発掘調査が始まった。戦国時代の館の発掘は全国でもまだ珍しく、しかも館内部から現れてきた整然とした建物遺構群などは多くの耳目を集め、国の史跡の指定を受けて保存整備されることになった。

それから三十数年後、この館は再び注目を集めることになった。館内部に存在していた工房跡が金製作にかかわっていたことが判明したからである。主郭という中核部で、金の製錬か、あるいは何らかの金製品の製作が行われていたことが分かったのである。

戦国時代の城や館から、金関連の遺構が確認されたのはもちろん全国でも初めてのことである。戦国大名やそれに匹敵する権力が、金をどのように掌握していたのかも、あまり分かっていない。この館では、まさに館の主要な部分に工房をかかえ、金にかかわる製作を行っていたのである。

戦国時代の半ばで、華やかな歴史の舞台から哀しく消えていったこの館に、いったい何があったのか。主家の武田家との間にいったいどのような葛藤があったのか。記録はいっさい語っていないが、金を扱っていたことに理由の一端がありはしないか。謎はさらに深まるばかりである。（萩原三雄）

岩殿城

郡内の要の城、茶室跡も

桂川左岸に屹立する岩殿山は、黒灰色の岩肌を露出させた絶壁が特徴的な山容を呈している。岩殿城はこの山頂一帯を削平して郭《くるわ》（平坦地）がつくられており、蔵屋敷・馬場などの地名がのこる。南側からの通路には大門の跡があり、東側尾根筋二カ所に堀切が設けられ、絶壁の際には「亀カ池」と呼ばれる池があって現在も水を湛えている。川を挟んだ対岸は、甲州街道沿いに大月市の市街地が形成されている。武蔵や相模（東京・埼玉・神奈川）方面から郡内を経て国中に至る甲斐への幹線ルートは、ここを通過しなければならず、交通の要衝に築かれた山城であったことは一目瞭然である。

❖　❖　❖

一般的に岩殿城は、郡内領主小山田氏の城郭として認識されているようである。しかし、『甲陽軍鑑』には、「駿河に久能、甲州郡内にゆわどの、信濃にあがつま、三所の名城を信玄公御覧じたてられ候は、御らうぢやうあるべきとの事なり」と、武田信玄が籠城のために取り立てた三名城の一つであっ

武田氏が籠城のために取り立てた岩殿城が築かれた岩殿山
＝大月市賑岡町

たことが記されている。一五八一（天正九）年武田勝頼は、家臣荻原豊前守に岩殿城の守衛を命じる。北条氏に対する防衛のためであったのだろう。豊前は落合（南アルプス市）の新左衛門や徳行（甲府市）の助右衛門など、甲府盆地各地の配下の被官十人を率いて任に就いた。相模との国境地帯である当該地域が軍事的に重視され、郡内地域の要の城として、武田氏が経営に深く関わったことがうかがえる。

一九九五（平成七）年から三年間かけて実施された岩殿山総合学術調査では、蔵屋敷の場所で発掘調査が行われ、一面に焼土が広がるなかに礎石を使った建物跡が発見され、茶壺や茶臼、天目茶碗などが出土した。それら調査の成果からは城内に茶室が設けられ茶の湯が行われていたことがわかり、軍事的な緊張のなか一服のお茶に精神的な安らぎを求めた将士たちの姿が偲ばれる。

◈　◈　◈

一五八二（天正十）年三月、勝頼は織田・徳川連合軍の甲斐侵攻を目前にして、新府城を焼き払い岩殿城への籠城を目指したが、途中大和村田野（甲州市）の山中で自刃し、戦国大名武田氏は滅亡する。小山田信茂は織田氏に降伏するが、嫡子弥三郎とともに甲斐善光寺で殺害されてしまう。発掘調査で確認された建物跡に広がる焼土は、茶室が焼け落ちたことを示すものであり、武田氏や小山田氏の滅亡とともに岩殿城の落城を物語る。

（山下孝司）

信玄と戦国の文化

貴種信玄

京と交流、にじみでる誇り

甲斐源氏を祖とする武田氏は、信玄の治世に至り、大きく開花した。本国甲斐はもとより、信濃（長野県）、駿河、遠江（いずれも静岡県）、さらに西上野（群馬県の西側一帯）へと版図を大きく広げ、天下にその名をとどろかせた。信玄の自立は一五四一（天文十）年、ときに二十一歳、それから三十余年を経て、五十三年の生涯を終えるまで、甲斐本国の内外にさまざまな事績を残している。それらは今に、戦国の文化として伝えられているものも多い。

一五一九（永正十六）年、信玄の父武田信虎は甲府に本拠を移転した。いまからおよそ五百年前のことであった。二町四方の方形を呈した巨大な館を相川扇状地の扇頂部分

鎌倉や京を模倣した戦国城下町甲府の景観（中央緑地が武田氏館跡）

におき、それを中心として南方一帯に整然とした街路をもつ城下を造ったのである。

❖　❖　❖

現在、武田神社が鎮座しているその館は、規格だった都市計画の核に据えられている。源頼朝が造った鎌倉や京を模倣したそのありようは、まさに貴種信玄の面目をあらわす都市文化である。そして、方形をなしている館の内には、室町幕府三代将軍足利義満の「花の御所」にならった建物群が連なり、将軍家に並ぶ威厳を誇っていた。

一五三六（天文五）年、信

玄は公家三条公頼《きんより》の次女と結婚している。公家の娘を妻に迎えたこのことも、京文化への志向の一つと考えられる。おそらく、さまざまな京の文化も持ち込まれたであろう。

嫡子義信が駿府の今川家から正室を迎えたのは、一五五二年。そのとき信玄は、義信のために武田氏館の西側に郭《くるわ》を増設している。「西の御座所」と呼ばれた現在の「西曲輪《にしくるわ》」である。こうした新居の増設というのも、京の公家文化の影響である。

京からは多くの公家や連歌師、名僧たちも信玄のもとを訪れている。信玄の招きに応じて恵林寺に入山した名僧快川紹喜《かいせんしょうき》によれば、信玄は「四書六経諸子百家の書」に通じていたという。中国のあらゆる古典に通じ、中国の儒家たちの思想に深く傾倒していたと述べている。戦国の文化の華であった詩歌に優れ、茶の湯の世界を深く愛していた信玄の姿には、まさに貴種としての誇りがにじみでているのである。

◈ ◈ ◈

京との深い交流を示すものに、黄金の存在がある。史料的にはさほど恵まれてはいないが、京などへの寺社への贈答品の一つにしばしば黄金という文言が登場している。おそらく、甲斐の豊かな諸金山から産出した金で造られた黄金であったろう。それらは、碁石金とか粒金と呼ばれ、贈答品や奉納品、褒美などに使われたもので、甲斐の戦国の文化を象徴するものであった。

甲斐源氏以来の武田氏の氏神は、八幡神である。そのために府中八幡や武田八幡、大井俣窪八幡などの大社が崇敬されている。多くの優れた社宮も建造され、戦国の文化のなかで異彩を放っている。

そうした建築物は各所に残っており、武田氏が残した戦国の栄華を今に伝えている。

（萩原三雄）

「月百姿　武田信玄」（月岡芳年画、山梨県立博物館蔵）

甲州法度

当主の行動監視に道開く

武田信玄は、領国を統治する手段として「甲州法度之次第」という法典を、一五四七（天文十六）年に制定した。こうした法典を整備した大名は、全国でも少数派で、信玄の意識の高さがうかがわれる。この法典は当初、二十六カ条が制定され、その後徐々に追加されていき、最終的には五十七カ条になった。この法典の起草には、重臣駒井高白斎（要害城代）が関わっていたことが分かっている。

信玄は、鎌倉幕府の制定した「御成敗式目」や、同盟国今川氏の法典などを参考に法律を定め、家臣や民衆に対し公正な裁判のための根拠を提示した。今川氏などは制定した法典を秘密にし、一般には公開しなかったが、信玄は領国の人々に広く知らしめた。法や裁判の規範が領主に有利なのではないかという疑いを、民衆に抱かせないように配慮したためだった。

これは当時としては画期的で、現在でも「甲州法度」の写本が民家から発見される例があるのは、

法典の起草には要害城（要害山）の城代を務めた重臣駒井高白斎が関わったことが分かっている＝甲府市上積翠寺町

こうした事情が背景にあるからだ。

また信玄は、現実に起きたさまざまな事件や裁判例などを参考に、法律の追加を行っていったが、同時にすでに制定した条文でも、現実に合わないと判断したものは、ちゅうちょなく削除している。これも大変珍しいことといえる。

❖　❖　❖

そして洋の東西を問わず、その例がない条文が最後に掲げられている。それは、次のようなものだ。

「もし信玄の行いが、ここに書いてある法度の条文に違反していると感じた者がいたら、身分に関わりなく遠慮せずに訴状で訴え出るがよい。内容によっては、自分をも裁く覚悟がある」

この条文を最後に掲げることで、信玄は自

分だけは法典から除外される特別な存在などではないと宣言したのだ。それは、武田氏当主の行動を、法典に照らして家臣、民衆が監視、拘束する道を開いたことを意味する。このような法を制定した人物は、少なくとも日本史上には信玄しかいない。中国の徳治主義を理想とした信玄の面目躍如といったところだろうか。

（平山　優）

「クノコニの王シンゲン」と仏の世界

武運長久祈り支配強化も

江戸時代に描かれた武田信玄の肖像画の多くは、甲冑の上に法衣や袈裟を着けた姿で描かれており、仏道のイメージが強く表されている。戦国時代当時の信玄のイメージも、その影響を受けていた。

キリスト教宣教師ルイス・フロイスが、一五七三年四月二十日にイエズス会日本布教長のフランシスコ・カブラルに送った手紙には、「クノコニの王シンゲン」は、剃髪し法衣と袈裟を身に着け、一日三回偶像を祭り、戦場に坊主六百人を同伴したことが記されており、「新しきキリストの敵」と称されている。織田信長の保護を受けた宣教師たちにとって、信長と戦う信玄は、キリスト教の教えと正反対に位置する人物とみなされたのである。

実際、信玄は一五七一（元亀二）年に信長が焼き討ちした比叡山延暦寺（滋賀県）の僧侶たちを

武田不動尊像（恵林寺蔵）

保護し、翌年には権大僧正に任じられた。また、恵林寺（甲州市）の快川紹喜《かいせんしょうき》や長禅寺（甲府市）の岐秀元伯《ぎしゅうげんぱく》といった禅宗の名僧たちを甲斐国に招き、教えを乞うている。信玄の周囲には、各宗派にわたる仏の世界が広がっていたといっても過言ではない。

　それでは、信玄自身、仏に何を祈ったのであろうか。甲斐武田家が滅亡した一五八二（天正十）年の四月十五日、慈眼寺（笛吹市）の尊長が高野山（和歌山県）引導院（現在の持明院）に奉納した武田家の遺品の中には、「飯縄本尊　并《ならびに》法次第、信玄公御随身《みずいしん》」「毘沙門　信玄公御具足守本尊」が含まれている。毘沙門天は、武将たちに崇拝された軍神である一方、飯縄権現は、信濃国（長野県）

の霊山飯縄山の神で、修験者や呪術者たちに崇拝されたが、武運を開き霊力を得られるとして武将たちの間にも信仰が広まった。

甲州市の熊野神社にも、信玄が奉納したと伝わる刀八毘沙門天像図および飯縄権現像図（いずれも県指定文化財）が伝わっている。信玄は、こうした神仏に武運長久を祈願し、その姿を絵画や彫像に表して崇拝したのである。

❖　❖　❖

また、恵林寺には、信玄が京都七条の仏師康清を招き、自らを模して造らせたという武田不動尊像（県指定文化財）が祀られている。この度、本像の胎内銘が新たに発見され、当時の制作であることが裏付けられた。不動明王は大日如来の使者として、煩悩を抱える救い難い人々をも力ずくで救うために忿怒の姿をした仏である。信玄は、自らを不動明王に見立てて神格化し、その威厳を世に示そうとしたのであり、信玄が生んだ仏の世界は、武田家の支配を強化する一環でもあったことがわかる。

このように、信玄の周囲に広がっていた仏の世界は、戦国の世を色濃く反映したものであった。それは、当時の仏画や彫像の中に託され、時代を超えて信玄のイメージを創り出してきたのである。

（西川広平）

甲斐善光寺の造営

信濃支配誇示　領国の中心に

閑静な住宅地の中にひときわ大きなお堂がそびえ立つ——。甲府市東部に位置する甲斐善光寺の金堂と山門は、本場信州の善光寺（長野県長野市）にも引けを取らない壮大な建物である。善光寺は日本全国から信仰を集め、その分身となる寺院は各地にあるが、いったいなぜ、山梨にこれほど大規模な善光寺が存在するのか、不思議に思われる方もいよう。

善光寺が甲斐に営まれるきっかけとなったのは、武田信玄と上杉謙信によって繰り広げられた川中島の合戦であった。都合五度、十二年に及んだこの合戦は、信濃善光寺の周辺が主戦場となっていた。信玄、謙信とも、兵火が善光寺に及ぶのを恐れ、また自身が善光寺を保護する存在であることを主張して信濃での立場を有利なものとするため、その宝物を自身の本拠へ移すことを企図した。

初めに実行したのは謙信である。一五五五（弘治元）年、第二次川中島合戦が終わると、謙信は善光寺如来や仏具などを持ち帰り、越後に善光寺を創建した。

信玄が信濃善光寺の本尊阿弥陀如来三尊像や僧侶を迎えて建立した甲斐善光寺

対する信玄は、一五五七年の第三次川中島合戦で善光寺をその勢力下に置くと、翌年に善光寺の阿弥陀如来を甲斐に移し、板垣の地に善光寺を建立して如来をここに安置した。現在の甲斐善光寺の始まりである。

その後も工事は続けられ、一五六五（永禄八）年に金堂がほぼ完成したが、伽藍の整備はなお長期に及ぶ大事業となった。完成した金堂は、信濃善光寺の本堂とほぼ同規模で、建築様式も忠実に再現されていた。信玄は単に善光寺の宝物を移すにとどまらず、善光寺そのものを甲斐に移そうとしていたのである。

善光寺移転はそれだけにとどまらなかった。甲斐善光寺が建立されると、その周囲には参詣者や商人・職人など多くの人々が集まり、門前を中心とした町場が形成されていった。この町場は、信濃善光寺の町場の形態を模して、計画的に建設さ

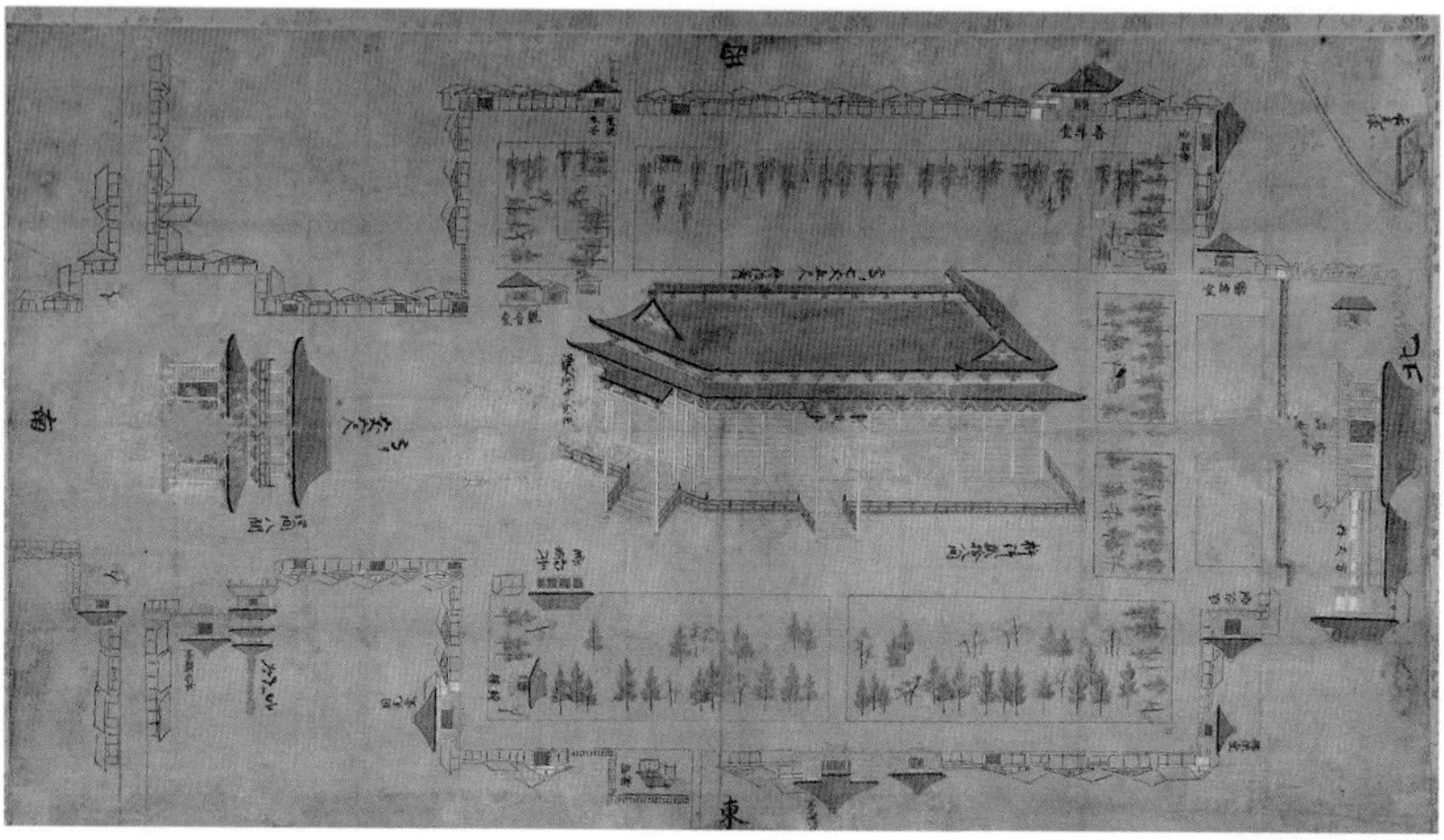

善光寺古伽藍図（江戸時代中期、甲斐善光寺蔵）

れたと考えられている。信玄による甲斐善光寺の造営は、信濃善光寺を中心とする都市空間全体が移されることにもなったのである。

◈ ◈ ◈

こうして甲府には善光寺とともに新たな都市がつくられることになった。それは甲府の町の拡大、経済力の拡大にもつながった。善光寺の移転は、武田氏の信濃支配を甲斐の人々に誇示すると同時に、本拠甲府を甲斐だけでなく、信濃を含めた武田氏領国の中心地に位置づけることにもなったといえよう。

信玄によって造営された甲斐善光寺の伽藍は、残念ながら一七五四（宝暦四）年にそのほとんどが焼失してしまった。しかし下山大工石川政五郎らによって再建された金堂・山門（ともに重要文化財）や、門前などに残る景観から、武田氏の時代に繁栄した甲斐善光寺の姿をしのぶことができる。

（海老沼真治）

歌会

武将の教養　荘厳なうたげ

武田信玄の歌といえば、「人は城、人は石垣、人は堀、情けは味方、仇《あだ》は敵なり」が有名である。『甲陽軍鑑』に紹介されるこの歌は、一六五六（明暦二）年の版になる同書に初出するようだ。しかし、信玄の時代には石垣つくりの城は無く、近世城郭の姿を思い描き綴られたとみられる歌詞は信玄の作ではありえない。

実際信玄が詠んだ歌は、南アルプス市法善寺の『武田晴信朝臣百首和歌』に百四首が収められているほか、いくつか知られているが、歌を詠じることは戦国武将の重要な教養の一つであった。

当時京都の公家たちは地方に下向し武将や大名を訪ね、その際には和歌や連歌の会が頻繁に行われた。信玄は自らの館などを会場に、月例で歌会を催したようである。甲斐には大納言三条西実澄や中納言四辻季遠、冷泉為和らが訪れており、彼らの遺した歌集や紀行文には、戦国武将との交流がうかがえる。

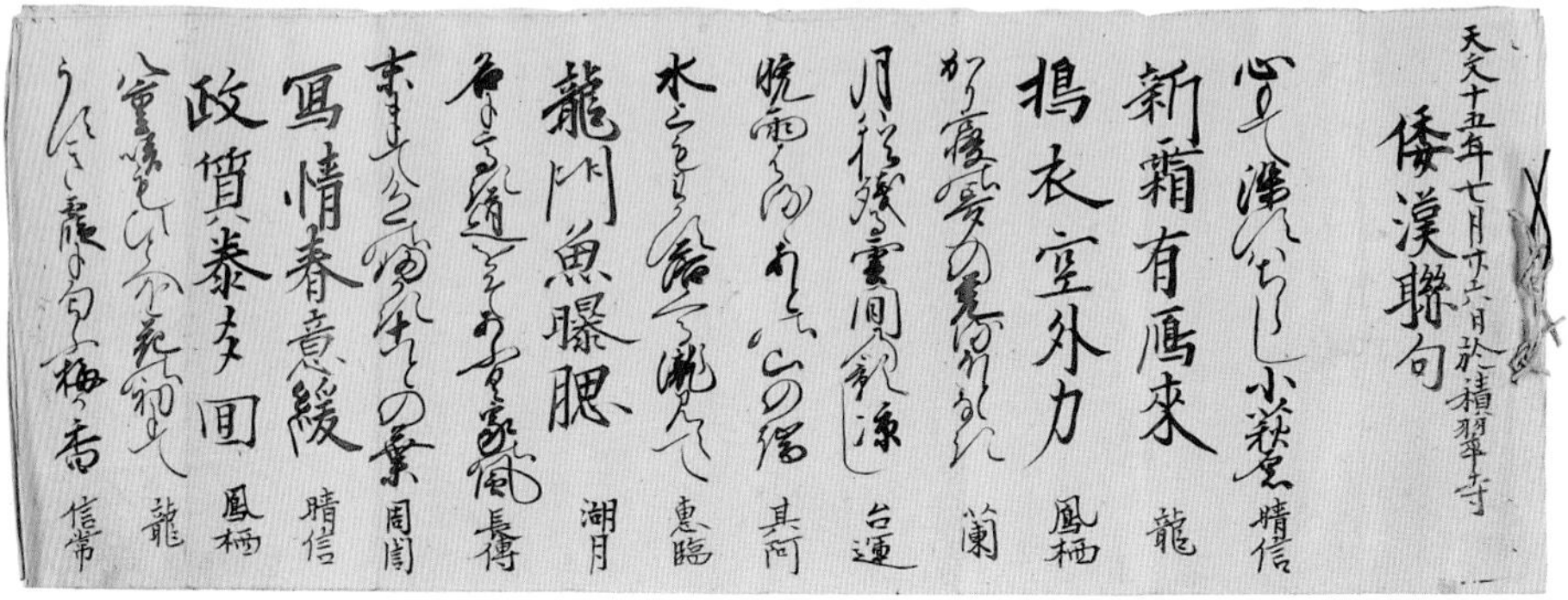

「和漢聯句」（積翠寺蔵）

三条西実澄に供をした相玉長伝の歌集『心珠詠藻』で一例を挙げてみよう。

武田大膳大夫母の旧宅の梅の花盛にいさなはれて、去年の春背し世にてあるしせられ終日酒宴有し事思ひ出て、人々歌よませられしに、

詠こし心そあらね宿の梅　花は昔の春にゝほへは

詞書と歌には信玄の亡き母がかつて住んだ屋敷の梅花に誘われ、故人をしのんだ情景が描かれる。

四季折々を通じて、世俗を離れ一時季節の風物を愛でて作歌することに、若き日の信玄が傾倒したのは、戦乱の続く軍事的な緊張の時代にあればこそであったのかもしれない。

一五四六（天文十五）年に積翠寺で催された和歌と漢詩を交えた連歌の会は、「和漢聯句」と題した記録（懐紙）が寺に伝えられ

甲府市上積翠寺町の積翠寺

ている。

和漢聯句の会は、後奈良天皇の勅使として来甲した三条西実澄と四辻季遠が招かれ、信玄のほか、東光寺前住持鳳栖や法泉寺前住持湖月など、臨済宗や時宗の僧が出席した。伝統的な和歌を得意とする公家たちと、漢詩文に巧みな禅宗の僧侶らによる歌と詩の交歓する場は、荘厳で雅な宴の空間であっただろう。

なお興味深いのは、「和漢聯句」の後半の方に若き信玄に為政者としての心得を諭すような句がつづくことである。社交や娯楽としてばかりでなく、歌会の席は、京都の公家や禅宗の高僧たちといった当時の知識層から、様々な情報を得たり、数々の教えを受けたりする機会ともなっていたのであろう。

（山下孝司）

温泉

武田氏ゆかりの甲斐の名湯

「信玄公の隠し湯」と称する温泉地は、山梨県はもとより武田氏の勢力が及んだ長野県などに少なくないが、大方は伝説の域を出ない。ただし戦国時代、合戦による負傷者治療等のため、為政者が領内の温泉を利用、または整備・保護に努めたことは確かである。

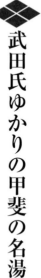

江戸中期、幕府役人が書いた甲斐国内の見聞記録は、「名湯所々にこれ有り」として、湯村（甲府市）、黒平（同）、湯島（早川町）、下部（身延町）、塩山（甲州市）、湯の平（川浦温泉、山梨市）、御座石（韮崎市）の計七カ所を紹介している（「甲州噺」）。このうち黒平、御座石を除けば、どれもみな遅くとも戦国期まで起源をさかのぼりえる古湯である。

❖　❖　❖

筆頭にあがる名湯・湯村温泉が、史料上はじめて登場するのは、一五一一（永正八）年、駿河（静岡県）出身の連歌師宗長が、「甲斐国塩部」での自身の湯治について述べた書状である。この折の湯治場は、当時、塩部郷に属した湯村温泉とみなされている。一五四七（天文十六）年には、公家で歌人の冷

右上の湯村山に沿うように、中央から北側（上方）に湯村温泉郷がある

泉為和が湯治のため甲府を訪れており、滞在中、躑躅ケ崎館《つつじがさきやかた》での歌会などに参加したという。為和の入湯先も湯村温泉の可能性が高い。同地は著名な歌人などが訪れ、武田家の人々と交流する場としても機能していたといえる。

信玄・勝頼父子自身も湯村温泉を利用したらしい。『甲陽軍鑑』には、信玄が合戦で受けた傷の治療のために入湯したとのエピソードがあるほか、地元には、信玄が湯村に「御湯座敷」を建設したと伝える古文書も残る。勝頼に関しては、一五八一（天正九）年三月、志摩の湯（湯村温泉）での湯治中、信濃国（長野県）の郷村間で生じた争いを裁定したとの記録がある。湯村温泉は武田氏居館の最寄りであり、いわば御用温泉的役割を果たしていたようだ。

一方、すでに日蓮の時代には湯治人を集めていた下部温泉は、武田氏一門の穴山氏の保護下にあった。下部の湯治人には、温泉宮とも称した同所熊野神社の建物へ、治癒祈願として落書をする習慣がある。信君は、この行為に対しても部分的ながら容認していたとされる。

◈　◈　◈

武田氏滅亡後の湯村温泉は、江戸中期ごろまで領主の保護と管理のもと、江戸から寺社奉行が湯治に訪れるなど、要人の利用が続くが、前出の「御湯座敷」は腐朽が進み、撤去されたという。

以後も庶民の湯治習慣の拡大に従い、温泉地は活況を呈し、明治以降は甲府温泉郷をはじめ、県内各地に温泉保養地の発展をみた。その素地は、戦国期に形成されたといってよい。　（宮沢富美恵）

富士信仰

威勢誇示　家族への愛情も

世界文化遺産に登録された富士山。現在では一夏に二十数万人が訪れるが、観光登山が一般化するまでは、一貫して信仰の山であった。古くは崇拝の対象として、下って修験者たちの行場に、ついには諸人の登拝《とはい》の場となった。

「この年六月、富士へ道者《どうしゃ》参ること限りなし」。十五世紀末、北麓に住んだ僧侶はこう書き遺した（『勝山記』一五〇〇＝明応九＝年の条）。十五世紀から十六世紀にかけ、富士への登拝は、最初の盛期を迎えていた。

◈　◈　◈

登拝の拠点となった吉田（富士吉田市上吉田）が「千間（軒）の在所」と表現されるほどににぎわい、同所において浅間神社（現在の北口本宮冨士浅間神社）をはじめとする信仰施設の社殿や堂宇の整備が進んだのもこの頃のことである（『勝山記』ほか）。信玄はもちろん、前後の武田氏歴代も、こうした時代に身を置いていた。

吉田宿（富士吉田市上吉田）。南北に延びる宿の原形が整ったのは 1572(元亀３)年。先行する宿は現在地の東方にあって東西に展開していた（写真は富士登山競走時のもの）

先程来、しばしば引用した『勝山記』は、信玄の父信虎が一五二二（大永二）年に富士に参詣、「八葉《はちよう》」したと記録している。当時は、剣が峰以下の山頂の高所を如来・菩薩の座る八枚の蓮弁に見立てる考え方が支配的であった。字義通りに解釈すれば、信虎は火口に沿って高所を一巡したことになる。いわゆる「お鉢巡り」である。

実はこの年、信虎は身延山にも詣でていた。甲斐を代表する二つの宗教的権威への参詣には、一国の統一を成し遂げた自身の威勢を誇示する狙いがあったとみられる。

◈　◈　◈

信玄も信虎同様、富士への信仰を政治的に利用している。吉田口五合目に鎮座する中宮浅間《ちゅうぐうせんげん》の社殿造営費を用立てたほか、吉田に所在する時宗寺院西念寺に対し、富士に詣でる道者から造営費を徴収することを認めているのだ。このうち西念寺に対しては、子息勝頼もこうした特権を追認した。いずれも領主としての地位の主張と考えてよいだろう。

信玄が一五五七（弘治三）、一五六六（永禄九）の両年、都合三度にわたって北条氏政に嫁いだ息女の安産を祈って「浅間大菩薩」（神仏習合下では浅間神と同義）に願文《がんもん》を捧げている。六五年にも、息女の病気平癒を富士に祈願しているが、これらは純粋な信仰心に基づくものととらえるべきだろう。筆跡から信玄自ら筆を執ったと認められるものもあり、信玄の家族に寄せる愛情を今に伝えている。

（堀内　亨）

武田家と戦国時代

文化を育む心　今に伝える

今は戦国の世である、と鋭く社会を見つめていた信玄にも平穏の生活とひとときの安らぎがあった。信玄に仕え、戦に明け暮れていた武将たちも同様であった。

郡内地域一帯の政治や軍事の要であった巨城岩殿城は、屹立した険しい岩肌を見せる要害堅固な山城であった。江戸初期の軍学書である『甲陽軍鑑』には、西上野（群馬県の西側一帯）の岩櫃城《いわびつじょう》や駿河（静岡県）の久能山城とともに、「関東三名城」と称えられた城郭でもある。

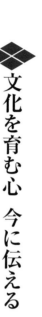

この岩殿城の山頂に近い「馬場」と呼ばれる郭《くるわ》の一画から注目すべき遺構が発見されている。礎石をもった小さな建物跡で、床面に散らばる真っ赤な焼土がこの建物の焼失を物語っている。焼土に交じって発見された出土品は、戦国時代に瀬戸で焼かれた天目茶碗や茶壺、それに茶臼などであった。茶の湯の道具一式である。

遺物の出土状況からは、この建物は焼失したままその後片付けられた形跡はない。この場所のそ

川中島合戦図（山梨県立博物館蔵）

の後の利用がないとすると、武田家滅亡の年の一五八二（天正十）年三月十一日前後に焼失したことになろう。これまで、軍事的役割を専らにし難攻不落の要塞と評されていた岩殿城であったが、山頂に近い城内で、城にこもった武将たちは、茶の湯をたしなみ、ひとときの戦国の文化を楽しみ育んでいたのである。

武田氏最後の居城であった韮崎新府城にほど近い隠岐殿《おきどの》遺跡は、戦国時代の屋敷跡として、良好な姿を残している遺跡である。礎石を使った大きな建物が整然と並ぶ様子からは、武田氏に仕えた上級家臣の屋敷だったことが分かる。中国からもたらされた青磁などの優品を所持し、茶の湯の道具もそろえられている。

なお興味深いのは、碁石の出土である。白石は高価なためか、黒石しか見つかっていないが、武将たちが囲碁をたしなんでいた様子がうかがえて面白い。戦国時代の緊張感みなぎるひとときに、静かに碁を打っていた姿になぜか安らぎを覚えよう。そういえば身延町の湯之奥金山遺跡からも、碁石が見つかっている。

武田家と戦国時代の人々は、さまざまな文化を育てていた。いま、その形跡は県内各地に残る優れた文化財に見ることができる。甲斐善光寺の壮大な建物、東光寺の華麗な仏殿、山梨市清白寺の国宝仏殿、大井俣窪八幡の数々の建造物群、甲州市勝沼の大善寺や塩山放光寺などの仏像など本県は日本有数の文化財所有県を誇っている。甲斐の国主信玄の、幼少から育んできた文化と伝統への思いがこうした貴重な文化財を現在に伝える素地になったことは疑いない。

江戸時代になり、信玄画像や武田二十四将図、さらに川中島の一騎打ちの図などで、信玄は再び復活する。戦国の世をはるかに過ぎた現在でも、貴種信玄は、甲斐の国の人々の間に、確実に生き続けている。

（萩原三雄）

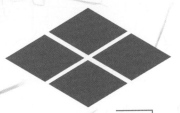

信玄に学ぶリーダー像

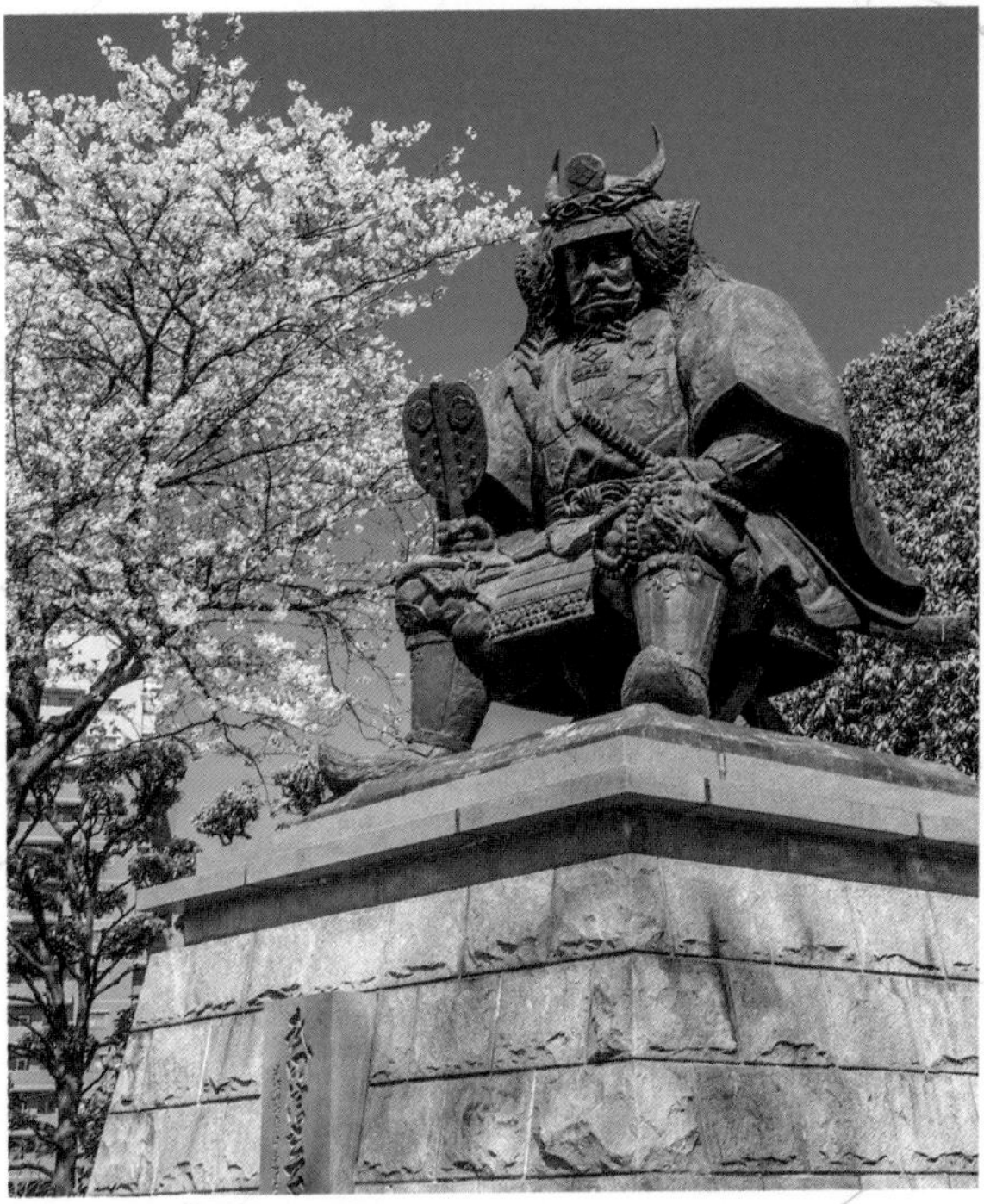

「勝負の事、六分七分の勝は十分の勝なり」

江戸初期に成立した軍学書の『甲陽軍鑑』はその品第三十九に、武田信玄が述べたこととして、「勝負の事」から始まるこの言葉を載せている。この後にはさらに次のような言葉を続けている。「八分の勝はあやうし。九分十分の勝は味方大負《おおまけ》の下作《したつくり》也」と。この言葉の意味するところはおそらく、完璧な勝ちというのは良くない、完勝の後には必ず大敗が待ち受けている。「六分七分の勝が最良である」という意味なのであろう。大勝が植えつけてしまういわば慢心をいましめる言葉であり、また軍略だけではなく、信玄が戦に臨むうえでの処世訓のようでもある。信玄の発したといわれる名言の一つであるが、信玄自身の生きざまを表した言葉としても捉えて良いのかもしれない。

武田信玄は戦上手で知られた戦国の名将であった。その生涯をみると幾多の戦を勝ち抜き、支配領域は甲斐本国はもとより信濃（長野県）のほぼ全域、西は駿河から遠江、三河（静岡県、愛知県）方面に至るまで、さらに西上野（群馬県の西側一帯）方面にまで版図を広げている。そのあいだには、信濃川中島地方での上杉謙信との五度に及ぶ戦いや、小田原に本拠をおいた相模（神奈川県）北条氏との厳しい抗争の繰り返しなど、生涯はまさに戦いの嵐のなかに身を処していたといっても過言ではない。また、江戸幕府を創設した徳川家康を死の寸前まで追い詰めた有名な三方ケ原の戦いは、戦巧者として信玄の名を広く世に示したものであった。神君家康をも打ち負かした信玄という人物は、こうして江戸時代をとおしてしだいに英雄視されていったのである。

◈　◈　◈

この信玄が、「六分七分の勝が最良」と述べるゆえんは、しかし何であったのか。

信玄の戦に関わった生涯をみると、決して平たんの道ではなかった。最も手痛い敗戦は、一五四八（天文十七）年の信濃の猛将村上義清との戦いであった。上田原の合戦や別に「戸石くずれ」とも呼ばれる戦では大敗を喫し、板垣信方や甘利虎泰などの重臣たちを失っている。信玄の若き日の苦い敗戦であった。信玄はこうした戦いを繰りかえすなかで、しだいに戦の極意をものにしていった。無謀な攻城戦は決して行わないのも、さまざまな実戦のなかから学びとった教訓であったのにちがいない。

この言葉が生まれた背景にはもう一つ重大な出来事がある。後継者であった武田勝頼が大敗を喫した「長篠の戦い」である。信玄すら落とせなかった高天神城をも落城させ勢いにのる勝頼は、そののち長篠での織田徳川連合軍との戦いに突入している。その結果、武田氏の滅亡への道を歩んでしまったのである。信玄の死後のことであるが、『甲陽軍鑑』はこれも慢心のゆえとみたのであろう。

『甲陽軍鑑』は信玄の述べた言葉として、こうも記している。「四十歳より内は、勝つように。四十歳より後は負ざるように」（同書品第三十九）。現代にも通じる名言であろう。

（萩原三雄）

「人は城、人は石垣、人は堀、情けは味方、仇は敵なり」

「人は城、人は石垣、人は堀、情けは味方、仇《あだ》は敵なり」

これは武田信玄自作として、広く世に知られた歌である。その出典は、『甲陽軍鑑』とされるが、同書には多くの写本や刊本があって、巷間に流布するなかでこの歌が挿入されたようだ。

『甲陽軍鑑』の伝解本では、信玄の手柄十三カ条のなかで、信玄は堀一重の館に住み、敵に備えることなく甲斐国内に城を構えずに、積翠寺の要害城も普請を行わずに籠ったこともないとし、その後へ「或人の云、信玄公御哥とて」と続け、件の歌を掲載している。信玄作と断定できないために、ある人の話として紹介しているのである。しかも水を湛えた堀と堅牢な石垣造りのイメージは近世の城であって、山城や館といった戦国時代の城とは印象が異なるものであり、この歌は信玄の作ではなく、後世の人の創作といえよう。

◈　　　◈　　　◈

一五四一（天文十）年六月十四日、武田信虎は駿河（静岡県）に追放され、かわって信玄が甲斐の国主となる。信虎は常日頃より悪逆非道であり、この代替わりに甲斐国の領民は喜んだという。『塩山向嶽禅庵小年代記』は、信玄は万民の愁いを救うために決起したと書き記す。民を顧みず暴政を行った信虎とは異なり、領国経営の基礎となる領民の人心を掌握し、統治に万全を期した信玄ではあった。また、軍隊を組織する家臣には人材登用に意を注ぎ、巧みに家臣団を統制して領国の伸張をはかった。何にしても信玄は人の使い方が上手だったのである。

◈　◈　◈

武将として第一級の軍略家であり、戦国大名として卓越した手腕をもって領国を統治した民政家でもあったことは、衆目の一致する信玄の人物像であろう。それは、江戸幕府を造り上げた徳川家康が信玄の遺制を模範としたことからも窺うことができよう。

近世に軍学の書として読まれた『甲陽軍鑑』に、人は城云々の歌が採用されたのは、城や堀・石垣のように領国を護り構成する貴い存在である領民や家臣を巧みな政治力で統治するという、理想的な為政者のあり方を、優れた政治家であった信玄に仮託して象徴的に描いたからと理解される。

（山下孝司）

「戦えば必ず勝ち、攻めれば必ず取り、もってするところ敵国は皆麾下《きか》に属す」

武田信玄の葬儀は、その死から三年後の一五七六（天正四）年四月十六日に、勝頼を施主として恵林寺（甲州市）で営まれた。葬儀は本葬に引き続き初七日から四月二十六日の七周忌法要まで連日のように催され、当代の名僧や高僧が居並び、沿道には国中の人々が集まり、戦国の世に覇を唱えた信玄の最期を飾るにふさわしく盛大に執り行われたという。その内容は、各僧による法語などを漢文体で記録した『天正玄公仏事法語』（恵林寺蔵）によって知られる。

この葬儀で導師を務めた恵林寺住持快川《かいせん》紹喜《しょうき》は、七周忌の法語のなかで武田氏の祖先の武勲を列挙し、信玄の業績などに言及しており、信玄の人となりを垣間見ることができる。

そこには「気色盖精明、朝取一人焉抜其尤、暮取一人抜其尤、因之戦必勝、攻必取、所以敵国皆属麾下、」と、面持ちは聡明で、人の優れたところを見いだし使い、戦えば必ず勝ち、攻めれば必ず奪取し、敵国は皆その統治下に属したと、向かうところ敵なしの軍功が語られる。

またある一節には、「詠和歌、賦唐詩、嗜伎芸、読兵書、工書翰、伝弓馬、而四書六経諸史百家之書、無尽不学、其事業行迹、三世不可得也、加之、伝台宗奥義、而上権大僧正位、」とみえる。詩歌をつくり、芸能をたしなみ、兵法書を読み、文書が堪能で武芸に通じ、中国の古典をことごとく学び、さらに天台宗の奥義を授かり権大僧正に登りつめたと、その博覧強記な様と仏教に帰依した宗教者の姿をたたえている。

◈　◈　◈

亡き人に対する褒め言葉であるため、差し引いてとらえる必要はあるが、信玄と親交の深かった快川和尚であるから、ある程度の信頼がおける中身ではあろう。

信玄は、要するに文武両道の達人だったのである。法語からは、戦闘に明け暮れてばかりいたのではなく、教養を身につけた文化人であったことが窺え、また、人の短所長所を見極めて人材登用し、領国の経営と版図拡大に活かしていた為政者の姿が彷彿とされる。

政治家たるもの信玄の如く、文に拘泥せず、武に偏らず、人心を収攬《しゅうらん》し、善政を行ってほしいと願うのは、昔も今も変わらない。

（山下孝司）

「人をば使わず、技を使うぞ」

武田信玄の箴言に「いやしくも晴信、人の使い様は、人をば使わず、技を使うぞ、また政道致すも、技を致すぞ、悪しき技のなき五徳に、人を使えばこそ心地よけれ」というものがある。これは、かの山本勘助と対話をしていた若き信玄が、勘助に語った言葉として『甲陽軍鑑』に記録されている。

❖　❖　❖

これをわかりやすくいえば、「私は人を使うのに、人の持つ技量を使うのだ。政道もその技量を利用して進めるのだ。悪しき者を使わぬように心がけ、有能な人物を使うことほど心地よいことはない」ということになろう。

信玄は、人の外見、身分などに一切拘泥せず、その人物の持つ才能、技量を冷静に観察し、適材適所を心がけた武将であった。無名の山本勘助（菅助）を躊躇せず登用したことはあまりにも有名だ。勘助は、今川義元に仕官しようと、縁戚の今川重臣庵原氏を通じて働きかけを行った。だが義元は、勘助の醜い容姿を嫌い、彼の才能を確かめようともせず、野に放置した。勘助の噂を聞きつけた信玄は、彼を引見するなり、その容姿であるにもかかわらず、すぐれた才能の持ち主だと人々の口の端に上るのは、よほどの才人に違いないと喝破し、約束の倍の知行で召し抱えた。

信玄の厚遇に感動した勘助は、城作りと軍略の才能を遺憾なく発揮し、武田家の隆盛を支えたのはあまりにも有名である。

◈　◈　◈

また、臆病者と馬鹿にされていた岩間大蔵左衛門を、家中随一の才人に育て上げた逸話も残る。彼は戦場では逃げ回ってばかりで、周囲を呆れさせて、かつ憤慨させていた。誰もが彼をクビにせよと信玄に進言した。

熟慮した信玄は、岩間を目付（秘密警察の長官）に登用した。信玄は彼に「どんな小さな事も漏らさず報告せよ。もし遺漏があれば即座に首をはねるぞ」と厳命した。臆病者の岩間は震え上がり、どんな些事も逐一信玄に報告し、名目付といわれるまでになった。

短所を利用して、長所にかえ、政道の運営に利用する。信玄の言葉は、人の上に立つ者が常に心がけねばならぬ自戒でもあったといえよう。

（平山　優）

「すべての部下を褒め讃えよ」

武田信玄が家臣に諄々と説いた言葉の中に「よき大将は、戦の時、悉皆《しっかい》、我が采配をもって勝利を得給いても、主の手柄とはなくして、近習《きんじゅ》、小姓《こしょう》、小殿原《ことのばら》、若党《わかとう》、小人《こびと》、中間衆《ちゅうげん》までも褒め立て、皆あれらが働きをもって合戦に勝ちたると仰せらるる故、かくの如くの大将の下には、大名、小名、足軽、徒若党、小人、中間衆まで、武辺覚えの者多く出るものなり」というものがあったと『甲陽軍鑑』は伝えている。

◈　◈　◈

これをわかりやすくいえば「よき大将とは、合戦の時、すべて自分の指揮で勝利をおさめたとしても、身分の低いすべての部下まで褒め讃え、すべては彼らがよく働いてくれたから勝つことができたのだ、というべきだ。だからこそ、そのような大将の下には、身分の上下に関わらず、優れた人材が輩出されるものだ」となる。

たとえ自分の的確な作戦や指揮が、組織の勝利に繋がったとしても、自分を誇ってはいけない。確かに総大将の力量が物をいったとしても、それはいわば当然のことであり、家中の人々もそれはわかりきっている。だからこそ、自分の考えを具現化すべく懸命に活躍してくれた、すべての部下を分け隔てなく褒め讃えなければならないと、信玄は考えていた。
そして、彼らなくして、勝利は得られなかったと感謝せよと述べた。総大将に、その心がけがあればこそ、部下もついて来るし、そればかりか、いっそう奉公に励もうと考えるようになるものだ。そうした中から、有能な人材が出てくるようになると考えていた。

◈ ◈ ◈

信玄のこの教訓は、組織の頂点に立つ者は、自らの思考を現実のものにするためには、実際に現場で動く人々が、的確に動けるよう配慮しなければならない。そのためには、主人と家臣との緊密な絆こそが、必要不可欠だ。この絆こそ、主人を、そして組織をよりよくしたいと真摯に考え、工夫しようとする有能な人材を生み出す秘訣である。このことは、上に立つ者が部下に対して常に心がける慈愛と配慮こそが、組織隆盛の重要な鍵であることを教えている。

（平山　優）

「不幸にも光を全く失ってしまったならば、自身の右眼と子息の右眼を交換したい」

実父の信虎を国外へ追放し、嫡男の義信をも死に追いやった——。これらのできごとで知られる信玄が、実は我が子に寄せる情愛を物語る史料を数多く遺していると述べたら、さて信じていただけるだろうか。

◈ ◈ ◈

信玄の次男は、「龍宝《りゅうほう》（芳《ほう》）」あるいは「聖導《しょうどう》」と称した。生来目が不自由で、それゆえに兄義信の失脚後も信玄の後継者に立てられることはなく、信州（長野県）の海野氏の名跡を継いだとされている。だが、どうやら彼の眼病は疱瘡（天然痘）に起因する後天的なものであったらしい。

一五五六（弘治二）年九月、失明の恐れを知った信玄は、瑜伽寺《ゆかじ》（笛吹市八代町永井）の薬師如来にその快癒を祈った。ここに引いたのは、その願文（『歴代古案』所収文書）の一節だ。時に龍宝十六歳。信玄は言う。

「無事平癒の暁には米穀を寄進しよう、もし隻眼となったならば仏門に入れよう、そして不幸にも光を全く失ってしまったならば、自身の右眼と子息の右眼を交換したい」

瑜伽寺の薬師如来は、大善寺（甲州市）や鎮目寺（笛吹市、廃寺）の両寺の本尊とともに「甲州三薬師」に数えられた。瑜伽寺はまた「薬師夢想ノ眼薬」を製したことでも知られていた（『甲斐国志』巻七五）。

❖　❖　❖

信玄が、再三にわたり長女の安産を「（富士）浅間大菩薩」に祈ったことは、広く知られている（富士御室浅間神社文書ほか）。弱冠十二歳にして隣国相模の北条氏政に嫁がせたことに対する負い目の現れだったのかもしれない。もう一通、近年富士吉田市内で所在が確認された信玄の願文を紹介しておこう。一五六五（永禄八）年五月に息女（一説に織田信長の嫡子信忠と婚約した松姫という）の病気平癒を「富士浅間大菩薩」に祈ったものだが、筆跡から信玄自身の筆になるものとみられる。先に述べた冨士御室浅間神社に伝わる安産祈願の願文二通のうち、少なくとも一通は自筆だ。

自ら筆を執って、子息・息女の無事を神仏に祈る。こうした数々の願文の存在は、信玄が子どもたちに注いだ愛情の深さを今に伝えている。

（堀内　亨）

「大将たるもの、みだりに刀を抜くではない」

有名な第四次の川中島の合戦で、越後（新潟県）の雄・上杉謙信と武田信玄が一騎打ちしている場面は世に広く知られている。それは、馬にまたがって単身で武田本陣に乗り込んだ謙信が信玄めがけて長い刀を振りおろし、対する信玄は柄の短い軍配団扇で受け止めている場面であり、激突し多くの戦死者を出したこの川中島の戦いのなかでも、あまりにも著名なシーンとして巷間にあふれている。

この刀と軍配団扇という好対照のありさまはしかし、何にもとづいて生まれたのであろうか。

甲州市塩山にある恵林寺は、臨済宗の名刹《めいさつ》として、また武田信玄の菩提寺としてよく知られている大刹である。ここに、信玄が名僧快川紹喜《かいせんしょうき》（快川国師）を招聘したのは、一五五三（天文二十二）年のことであった。

若きころの信玄にこういうエピソードがあるという。恵林寺に入山したこの快川和尚の肝を試してみようと信玄は、ひそかに寺に赴き、部屋のついたての陰から和尚に向かって刀で切りつけたそうである。いかに高名な和尚であっても、驚き仰天するにちがいない。おそらくそう思ったのであろう。しかし、この快川、泰然として少しも動ぜず、一言「大将たるもの、みだりに刀を抜くではない」と発したという。これは、武に走った強すぎる大将を戒める言葉だといわれているが、信玄はこのとき自らの行動をいたく恥じて、以来決して刀を抜くことはしなかったと伝える。巷にあふれているくだんの一騎打ちにおける信玄の軍配団扇の絵姿はこうした背景があって描かれていったのだという。この快川和尚、武田氏滅亡直後、恵林寺が織田信長の兵火にかかったとき、「心頭滅却すれば、火自ずから涼し」と遺偈《ゆいげ》して火定《かじょう》したことはあまりにも有名である。

◈　◈　◈

こういう話もある。有名な山本勘助を召し抱えたときのことであった。駿河（静岡県）の大名の今川義元が任用することをかたくなに拒みつけたその勘助を、信玄は二百貫という高禄で採用することにした。居並ぶ重臣たちはけげんに思い、そのわけを尋ねたときのことである。信玄は、あれだけ見た目の悪い人間であっても世間の評判はすこぶる良い。優れた能力の持ち主であろうと言い、勘助の才能を即座に見抜いたという。

「人の使い様は、人をば使わず、技を使うぞ」と、好き嫌いではなく、能力優先で人を使うことを心掛けた信玄ならではであろう。

（萩原三雄）

「晴信行儀その外の法度以下において、旨趣相違の事あらば、貴賤を撰ばず、目安をもって申すべし」

この言葉は、一五四七（天文十六）年六月に制定された「甲州法度之次第」（以下「甲州法度」）の最後の条文の一節である。「晴信（信玄）の行いや他の法度などに『甲州法度』と相違するものがあれば、身分に関係なく申し出よ」と、信玄自身も「甲州法度」を順守することを宣言している。この頃、日本各地の戦国大名が「分国法」と呼ばれる独自の法律を制定していたが、このような内容は他に例がない。それゆえ、この条文は当時二十七歳という若き国主信玄が、高い理想のもとに定めたものと考えられている。

◈　◈　◈

では、信玄はどのような経緯でこの条文を定めたのであろうか。

その手がかりとなるのが、甲府の積翠寺に伝わる「和漢聯句」の懐紙である。これは、一五四六年七月に、都から勅使として下向していた三条西実澄、四辻季遠らを積翠寺に迎えて行われた和漢聯句会の記録である。信玄とその一族、実澄ら公家、鳳栖玄梁ら信玄と親交のあった僧が参加し、和歌と漢詩を交互に詠む歌会が催された。

その内容を見ると、信玄の「心もて染ずはちらじ小萩原」という和歌ではじまり、以下季節や自然の風景を詠んだ和漢句が続く。しかし後半に、それらとは趣を異にする句があらわれる。

「法もただ謀《はかりごと》をやみちならん」（意訳・法度といっても、所詮は謀の道とかかわるものではない）

「身を治《おさめ》てぞ世をおさめしる」（意訳・自分自身をよく修めてこそ、世の中を治めることができる）

この二句は、信玄と身近に接した僧が、為政者としての心構えを説くような内容となっている。前者の「法」への言及と、後者の「身を治て」という内容は、「甲州法度」最後の条文と深く関わるものといえるのではないか。想像の域を出ないが、信玄が法度制定について、親交のあった僧に相談したところ、僧たちは形だけの法度となることがないよう、戒めを込めた歌の形で示唆を与えたと考えることもできよう。

このように「甲州法度」制定に際しては、具体的な条文の検討に加え、法度の全体的な理念も構築されたようだ。そして理念の構築には、信玄と親交があった僧たちが、その役割の一端を担ったと考えられる。法度で「部下や庶民の意見も聞く」と宣言した信玄は、その制定にあたっても、周囲のアドバイスを参考としていたのである。

（海老沼真治）

「部下より大に尊敬を受く」

「部下より大に尊敬を受く」。これは戦国時代から織豊時代、わが国に滞在したポルトガルの宣教師ルイス・フロイスの書簡の一節である。

このフロイスは、一五三二年にポルトガルのリスボアで生を受け、十六歳のときにイエズス会に入った後、インドへ渡った。一五六三年、三十一歳の時に来日して六十五歳で長崎で死去するまでの三十数年間、日本に滞在した人物である。その間、織田信長や豊臣秀吉、豊後の大友氏らの庇護を得てキリスト教の布教活動に従事するとともに、わが国の政情や風俗習慣に至るまで、こと細かく本国に伝えてきた宣教師としても知られている。

生来筆まめといわれるだけに、内容は詳細を極めており、彼の残した膨大な記録類は、第一級の史料として、また外国人の目からみた日本の世情として現在高い評価を受けている。

❖　❖　❖

そのフロイスが一五七三年にフランシスコ・カブラルに送った一通の書簡が残されている。その中には最晩年に信玄が起こした軍事行動と信玄に対する人物評が記されており、冒頭の言葉はその中の一節である。

内容を追ってみると、信玄は父信虎を国外〈駿河〈静岡県〉〉に追放し、しかも長男義信を若くして死に追いやるなど非情な人物として強く非難しながら、京都に上る最大の目的は信長によって焼き討ちされた天台宗の総本山である比叡山の再興にあると述べている。また、信玄の信心の目的は純粋な信仰心ではなく隣接諸国を奪うためのものであり、彼は武力によって周囲から畏怖されているとも認《したた》めている。

信玄に対して、このように散々罵倒するなかでの、部下からは大いに尊敬されているという先の一節というのは、かなりの重みのある言葉である。もちろん、フロイスは信玄に直接会ってはいないし、甲斐国にも来たことがないので、おそらく、これはフロイスが滞在していた京都辺りに蔓延していた風聞か、信玄と親交のあった人々からの伝聞によるものにちがいない。

信玄が家臣たちから尊敬されていた様子は、信玄自身の手紙などからも窺うことができる。

例えば、近臣の穴山信君や小山田信茂らが信濃（長野県）の諏訪社に参詣したときのことだが、信玄は諏訪社の神長官に宛てて、近年は度重なる戦によって何かと出費が多いので、施物等を減らしてやってほしい旨の依頼をしているし、また長男義信と共に信濃の戸石城に赴いたときに、在城している家臣らに、我ら親子が行くからといって城の整備などにあまり気を使うなといったような手紙を認めたりしている。

こうした断片的な史料や、快川国師の法語などを重ねてみると、信玄は相当に気遣い、心遣いのある人物であったことがわかる。

戦国乱世の時代、本国の甲斐国はもとより、信濃や駿河、西上野（群馬県の西側一帯）方面にいたるまで大きく版図を広げることができたのは、信玄の政治力や統治力の賜物ではあるが、一方では家臣たちの、信玄に対する信頼の厚さや結束の強さがあったからともいえるであろう。戦国最強といわれる武田王国が出来上がったのは、信玄の人間性に由来するともいえそうである。信玄評として「部下より大に尊敬を受く」は、一外国人によってヨーロッパに伝えられた名言である。

（萩原三雄）

武田信玄関連年表

監修　萩原三雄

元号	西暦	事柄
永正16	1519年	同年　甲斐国守護・武田信虎、甲府に館を移転。
大永元	1521年	11月3日　幼名勝千代（後の晴信、信玄）、信虎の嫡男として甲府要害城で生まれる。
		11月　今川氏親の重臣福島正成が駿河から甲斐に乱入し、信虎と戦って敗死する。
3	1523年	12月　勝千代の着袴式が行われる。
4	1524年	2月　信虎軍、北条氏綱と対陣する。
		3月　信虎、秩父で関東管領上杉憲房と対陣する。
		7月　信虎、扇谷上杉朝興救援のため武蔵岩槻に出陣する。
		11月　信虎、北条氏綱と講和する。
5	1525年	同年　信虎、北条氏綱と再び対決、相模津久井城を攻める。
6	1526年	7月　信虎、富士北麓で北条氏綱軍に大勝する。
7	1527年	6月　信虎、信濃佐久の伴野貞慶を救援するため甲府を出陣。
		同年　信虎、今川氏輝と和睦する。
享禄元	1528年	8月　信虎、諏訪頼満・頼隆父子と甲信国境で戦い敗れる。
3	1530年	4月　郡内領主小山田信有、北条氏綱と都留郡八坪坂で戦い敗れる。

元号	西暦	事柄
享禄3	1530年	同年　武蔵河越城の上杉朝興、故上杉憲房の後室を奪って信虎の側室として甲斐へ送る。
4	1531年	1月　甲斐の国人栗原兵庫、飯富虎昌らが信虎に背いて御岳にこもり、諏訪頼満に援軍を求める。 2月　信虎、離反した大井信業や今井尾張守らと戦い、戦死させる。 4月　信虎、諏訪頼満や今井信元、栗原兵庫らと塩川河原で戦い大勝する。
天文元	1532年	9月　信虎、今井信元を攻めて降伏させる。
2	1533年	同年　勝千代（13歳）、上杉朝興の娘と結婚する。
3	1534年	11月　勝千代の正室が妊娠したが、母子とも死去する。
4	1535年	8月　北条氏綱・氏康父子、今川氏救援のため甲斐都留郡に出陣する。 同月　信虎、都留郡山中で北条勢と戦い敗れる。弟の勝沼信友が戦死する。 9月　信虎、諏訪頼満と甲信国境で和睦する。
5	1536年	同年　勝千代が元服して実名晴信と名乗り、従五位下左京大夫が授けられる。 同年　晴信、今川義元のあっせんで、京の公家三条公頼の娘を正室に迎える。 11月　晴信の父信虎が信濃に攻め、晴信の初陣となった。

6	1537年	2月	信虎の長女（晴信の姉）、駿河守護今川義元に嫁ぎ、甲駿同盟が成立する。
		同月	信虎、甲駿同盟に怒った北条氏綱の駿河出兵に対し、義元救援のため富士須走口に出兵する。
7	1538年	5月	北条軍は都留郡に侵攻するが、その後、武田氏と和議が成立する。
		同年	晴信に長男（後の義信）が生まれる。
8	1539年	同年	北条氏との合戦が再び起こる。
9	1540年	5月	信虎、佐久郡に出兵を命じ、1日で36城を落とす。
		11月	信虎三女禰々（晴信の妹）が諏訪頼重に嫁ぐ。
10	1541年	5月	信虎、村上義清や諏訪頼重と出陣し、小県郡海野平で海野一族を破る。
		6月	晴信、凱旋直後の信虎を駿河の今川義元のもとに追放。家督相続の儀を行い、甲斐国主となる。
		同年	晴信に次男（後の龍宝、海野信親）が生まれる。
11	1542年	4月	諏訪頼重夫人となった禰々に嫡男が生まれる。
		7月	晴信、高遠頼継とともに諏訪頼重を攻める。頼重は甲府に送られ、東光寺で自害する。
		9月	晴信、諏訪に侵入した高遠頼継を破る。
		12月	晴信、諏訪頼重の娘を側室とする。
12	1543年	1月	諏訪頼重夫人・禰々が死去。
		9月	晴信、小県郡長窪城を攻め落とす。
		同年	晴信に娘（後の北条氏政夫人）が生まれる。

元号	西暦	事柄
天文14	1545年	4月 晴信、伊那郡高遠城の高遠頼継を攻略。続けて福与城の藤沢頼親も攻める。
		9月 晴信、今川義元の救援のため駿河に出兵する。
		10月 晴信のあっせんにより、今川義元と北条氏康が和睦する。
15	1546年	5月 晴信、信濃佐久郡内山城の大井貞清を攻め落とす。
		同年 晴信に四男（後の勝頼）が生まれる。
16	1547年	6月 晴信、「甲州法度之次第」を制定し、領国支配に力を注ぐ。
		8月 晴信、上杉憲政と佐久郡小田井原で戦い大勝する。
17	1548年	2月 晴信、小県郡上田原で村上義清と戦い大敗。宿老の板垣信方、甘利虎泰らが戦死する。
		7月 晴信、筑摩郡塩尻峠で小笠原長時を急襲して大勝する。
		9月 晴信、佐久郡前山城を攻略し、佐久衆数百人を討ち捕らえる。城13カ所を自落させる。
18	1549年	7月 晴信、伊那郡箕輪城の築城を始める。
19	1550年	6月 今川義元夫人（晴信の姉）が死去。
		7月 晴信、松本平に小笠原長時を攻め、林城を奪取する。
		11月 晴信、身延山久遠寺に明版法華経を奉納、信濃守と署名する。

		12月	晴信の長男（後の義信）が元服する。
		同年	晴信、村上義清を攻めるが大敗し、横田高松らが戦死。
		同年	晴信に娘（後の木曾義昌夫人）が生まれる。
20	1551年	10月	晴信、安曇郡に進攻し、平瀬城を攻落する。
21	1552年	1月	高遠の諏訪頼継、甲府に出仕し自害する。
		5月	晴信の母大井夫人が死去。
		11月	晴信の長男、今川義元の娘を妻に迎える。
22	1553年	4月	晴信、村上義清の葛尾城を落とす。
		7月	将軍足利義輝から偏諱《へんき》を受けて晴信の長男、義信を名乗る。
		8月	晴信、小県郡和田城と塩田城を攻落。村上義清は越後の長尾景虎（上杉謙信の初名）に救援を求める。
		8〜9月	村上義清の要請を受け、長尾景虎の援軍が信濃に侵攻。晴信、初めて上杉勢と川中島付近で戦う（第1次川中島の合戦）。
23	1554年	12月	晴信の娘が北条氏康の子氏政に嫁ぎ、甲駿相の三国同盟が成立する。
弘治元	1555年	4月	晴信・義信父子、長尾景虎と戦うため信濃に出陣する。
		7月	晴信、川中島地域で長尾景虎勢と対戦する（第2次川中島の合戦）。
		11月	晴信の側室諏訪氏（勝頼の母）が死去。
		同年	今川義元の調停で武田、長尾両軍が兵を引く。
3	1557年	2月	晴信、水内郡葛山城を落とす。

元号	西暦	事柄
弘治3	1557年	4月 長尾景虎、川中島へ出陣する。
		7月 晴信、安曇郡小谷城を攻める。
		8月 武田、長尾両軍、水内郡上野原で戦う(第3次川中島の合戦)。
		同年 晴信に五男(後の盛信)が生まれる。
永禄元	1558年	4月 晴信の弟信繁、家訓九十九カ条を制定し、嫡男信豊に与える。
		9月 晴信、信濃善光寺の本尊阿弥陀如来像を甲府に移し、甲府に善光寺を建立する。
		12月 晴信、出家して法名信玄を使い始める。
3	1560年	同年 桶狭間の合戦で今川義元が戦死。
4	1561年	3月 長尾景虎、小田原城を包囲。北条氏康、武田氏に援軍を求める。
		8月 上杉政虎(長尾景虎から改名)、信濃川中島に出陣。信玄も政虎との対戦で甲府を出陣する。
		9月 武田、上杉両軍、信濃川中島八幡原で激突する(第4次川中島の合戦)。信繁らが戦死。
		11月 信玄、西上野へ出陣し、甘楽郡高田城を攻略する。
		12月 信玄、北条氏と合流して倉賀野城を攻める。

		同年	信玄に娘松姫（後の信松尼）が生まれる。
5	1562年	2月	信玄、松井田の諏訪城を攻める。
		6月	信玄の四男勝頼、諏訪氏の名跡を継ぎ、高遠城主となる。
		9月	信玄、西上野に出陣し、安中城を攻略する。群馬郡箕輪・惣社・倉賀野城も攻める。
		同年	信玄、武蔵松山城を囲む。北条氏康と上野・武蔵の上杉方諸城を攻める。
6	1563年	2月	信玄、北条氏康とともに武蔵松山城を攻略する。
		10月	真田幸隆ら、上野吾妻郡岩櫃城を攻略する。
		12月	信玄、西上野に出陣し、倉賀野城・箕輪城を攻める。
7	1564年	3月	将軍足利義輝、武田・上杉両軍の和睦調停を進める。
		4月	信玄、会津の蘆名盛氏に越後への出陣を要請する。
		8月	上杉輝虎（政虎から改名）、川中島に出陣し、甲越両軍が川中島で対陣する（第5次川中島の合戦）。
8	1565年	5月	信玄、上野安中口に出陣する。
		6月	信玄、箕輪城に迫る。
		10月	信玄の長男義信らの謀反事件が起こり、義信を甲府東光寺に幽閉し、飯富虎昌を成敗する。
		11月	勝頼、織田信長養女遠山氏と結婚する。
9	1566年	8月	将軍足利義昭、武田・北条・上杉氏の和睦を調停する。
10	1567年	3月	真田幸隆、白井城を攻略。武田氏、西上野の全域を支配する。

元号	西暦	事柄
永禄10	1567年	10月 義信、東光寺で自害する。
		11月 勝頼夫人、嫡男信勝を生む。
		11月 信玄の娘松姫と織田信長嫡男信忠が婚約する。
11	1568年	12月 信玄、駿河に侵攻して駿府を占領、今川氏真を掛川城へ追う。徳川家康に掛川城を攻めるよう要請する。
12	1569年	1月 北条氏政、今川氏救援のため駿河興津で武田勢と対陣する。
		4月 信玄、北条勢に敗れ、甲府に退陣する。
		6月 越相同盟が成立。
		8月 信玄、甲府を出陣し、上野・武蔵経由で北条氏領へ遠征する。
		10月 信玄、小田原城を攻め、相模三増峠で北条勢を破る。
		12月 信玄、駿河に再出兵し、蒲原城を攻略する。
元亀元	1570年	1月 信玄、駿河志太郡花沢城を攻略。駿河に江尻城・清水湊を築き、水軍編成を進める。
		5月 信玄、北条勢と駿河吉原・沼津で戦う。
		7月 信玄の正室三条夫人が死去する。

		8月	信玄、伊豆韮山城を攻める。
		9月	信玄、武蔵に出陣し、北条勢の城を攻める。
		10月	徳川家康、武田氏と絶縁し、越後の上杉輝虎と同盟。
		12月	信玄、駿東郡に出陣、興国寺・深沢城を攻める。
2	1571年	3月	信玄、遠江の高天神城を攻める。
		4月	武田軍、三河足助城を攻略。吉田城も攻め、徳川家康を二連木で破る。
		10月	北条氏康が死去。信玄、甲相和睦の密約を開始する。
		12月	甲相同盟が復活する。
		同年	上杉輝虎が謙信と名乗る。
3	1572年	1月	信玄、西上野に出陣し、上杉謙信と対陣する。
		9月	信玄、出陣が遅延。山県昌景の軍勢、先陣として甲府を出発する。
		10月	武田本軍、甲府を出陣し、浅井長政や朝倉義景らに対し、織田信長に対抗するよう要請。武田勢、遠江に侵攻し、遠江二俣城を攻める。
		11月	信玄別働隊の秋山虎繁、美濃岩村城を攻略する。織田信長、上杉謙信の要請で信濃に攻め入ることを約す。
		同年	信玄、遠江三方ケ原で徳川家康と戦い、大勝。二俣城を攻略する。
4	1573年	1月	信玄、三河に侵攻する。
		2月	信玄、三河野田城を攻略し、その最中に発病する。長篠城で病状の回復を待つ。

元号	西暦	事柄
元亀4 （天正元）	1573年	4月12日　信玄、三州街道を帰還し、その途中の伊那郡駒場で死去する（53歳）。
2	1574年	3月　信玄の父信虎、信濃高遠城で死去する。 6月　信玄の四男勝頼、遠江高天神城を落とす。
3	1575年	5月　織田信長、徳川家康の連合軍、三河長篠城外で勝頼の軍を破る（長篠の戦い）。
4	1576年	1月　織田信長、安土城を築く。 4月16日　勝頼、恵林寺で信玄の本葬を営む。戒名は「恵林寺殿機山玄公大居士」。

執筆者一覧（掲載順）

萩原　三雄（帝京大学大学院教授）
平山　　優（武田氏研究会副会長）
秋山　　敬（故人、元武田氏研究会会長）
畑　　大介（帝京大学文化財研究所客員教授）
西川　広平（中央大学文学部准教授）
山下　孝司（武田氏研究会事務局長）
海老沼真治（山梨県立博物館学芸員）
宮沢富美恵（元山梨県史編さん委員会専門調査員）
堀内　　亨（山梨県立富士山世界遺産センター主幹）

※本書は、山梨日日新聞が2007年から2015年に掲載した「シリーズ信玄公祭り」より48編を選び、加筆修正してまとめたものです

〔写真・資料協力〕（本文中に記載のない機関）
甲州市教育委員会
（一社）韮崎市観光協会
武田神社

この他、本文中や写真説明にお名前を挙げた諸機関には資料のご提供・ご協力を賜りました。厚く御礼申し上げます。

武田信玄入門

2021年7月31日　第1刷発行

編集・発行　山梨日日新聞社
〒400-8515 甲府市北口二丁目6-10
電話 055-231-3105（出版部）
https://www.sannichi.co.jp

印刷・製本　（株）サンニチ印刷

ISBN978-4-89710-552-9